自由主義に先立つ自由

クエンティン・スキナー 著
梅津順一 訳

Liberty Before Liberalism

QUENTIN SKINNER

聖学院大学出版会

Liberty Before Liberalism
By Quentin Skinner

Cambridge University Press,1998

「私は三〇歳を越えるぐらいまで、稀にしか歴史には関心を持っていなかった――哲学の歴史を除いて、それは含まれていない」（F・W・メイトランドからアクトン卿への手紙、一八九六年一一月二〇日、ケンブリッジ大学図書館蔵、Add.MS6443/197,fo.1v）。

序文

本書は、一九九七年一一月一二日にケンブリッジ大学で行った、近代史欽定講座教授としての就任講義を、拡大したものです。私は、市民的自由に関するネオ・ローマ的理解と私が名づけた政治理論について、英語圏におけるその興隆と衰退を素描しようと努めました。ネオ・ローマ理論は一七世紀中葉のイギリス革命の過程で、卓越した地位に昇りました。それ以後、それは一八世紀英国の支配的な寡頭政を攻撃するために、さらにその後アメリカの植民者たちが英国王室に対して仕掛けた革命を擁護するために用いられました。しかしながら一九世紀のあいだ、ネオ・ローマ理論はだんだん視野から消え去っていきました。そのある要素は、チャーティストの六箇条のなかに(1)、ジョン・スチュアート・ミルによる婦人の隷従の説明に(2)、また依存と抑圧の下にある人々を擁護するその他の請願書のなかに生き続けました(3)。しかし、自由主義がイデオロギー的に勝利すると、ネオ・ローマ理論は大部分信用が失われるままに放置されたのです(4)。その間、古典的な自由主義に組み込まれた自由に関する対抗的な見解は、英語圏の政治哲学のなかで支配的地位を獲得し続け、以後決してそれを譲り渡すことはありませんでした。本書が望むのは、われわれが失った思想世界に再び入り込むことを試みることで、この自由主義の主導権に疑問を呈することです。私は、ネオ・ローマ理論をそれが最初に定式化された思想的政治的文脈のなかに位置づけ、その理論それ自身の構造と諸前提を検討し、それによって、われわれの思想的立場に対してそれが主張しうるものをめぐって、望むのであれば、再考するための手段を、われわれに与えるように試みました。

本書は小さなものですが、書き進める過程で多くの学恩を受けました。私は関連する主題を研究している数多くの学者との討論から非常に多く利益を受けました。ディヴィッド・アーミテージ、ジェフリー・ボールドウィン、アナベル・ブレット、アラン・クロマティー、マーティン・デゼルザニス、マルク・ペルトーネン、ディヴィッド・ランシマン、ジョナサン・スコット、ジャン・ファヴィアン・スピッツ、それにブレア・ウォードンには、心から感謝を捧げたい。私はまた、ローマ法に関する多くの討論に対してディヴィッド・ジョンストンに、得がたい有益な意見交換についてジョン・ポーコックとジェームズ・タリーに深く謝意を表します。私はまたフィリップ・ペティットとその自由に関する著作にとくに負う所があること、それによって深く影響を受けたことを自覚しています。(5) 私がこうした主題を改めて取り上げるに至ったのは、一九九四年に彼と私がオーストラリア国立大学の社会科学研究学院で、自由とその歴史について共同セミナーを行ったことに大部分起因しています。いつもと同じく、私がとくに最大の感謝を捧げなければならないのは、スーザン・ジェームズで、彼女は以下の論文を草稿の段階ごとに読んでくれただけでなく、とても全部は思い出せないほど多くの機会に私の討論相手になってくれました。過去二年の間、私は「共和主義――ヨーロッパの共通遺産」という主題のヨーロッパ科学基金ネット・ワークの議長として仕事をしてきました。私はこの会合で発表された論考から多くを学びましたし、そこでの討論は私の議論にある痕跡を残していると確信しております。このグループの秘書として活躍し、相互の学問的関心をめぐって多くの会話を交わした、マーティン・ヴァン・ゲルデレンにとくに感謝します。

私は大変優れた聴衆を相手に二度、この議論のある側面を試論的に展開する機会に恵まれました。私は名誉なことに、一九九五年にケント大学でT・S・エリオット記念講義をする招待を受けましたし、その発表の後のセミナーはすこぶる愉快なものでした。私は同じく名誉なことに、一九九五年春コレジュ・ド・フランスでの講義を依頼され、「四つの自由の伝統*Quatre traditions de la liberté*」と題して、エリオット講義の改訂版を発表しました。思いやりと心のこもったピエール・ブルデューのお招きに改めて喜びをもって感謝します。

就任講義をこのように拡大した形で出版することを勧めてくれたのは、ケンブリッジ大学出版会でした。私はいつもと同じく、惜しみなく援助と励ましとを与えてくれた、ジェレミー・ミノットに対し深く謝意を表します。リチャード・フィッシャーは私の編集を担当し、草稿を驚くべき速度と効率で印刷してくれましたし、フランシス・ニュージェントはとくに注意深い眼差しで編集を助けてくれました。これが最初ではありませんが、出版会の方々の模範的な仕事ぶりに、いかに多くを負っていることかを私は承知しております。フィリップ・ライリーは、校正刷りの訂正を即座にするのを承諾してくれましたが、その仕事を彼はいつもの桁はずれの綿密さで行うのです。

本書は以下の慣例に従っています。第一次資料の文献は著者が分からない場合は、著作名で指示する。匿名で出版されたもので著者名が分かる場合は、著者名を［　］のなかに付け加える。古代の著者は、彼らの最もよく知られた単一名で引用する。初期近代の文献から引用するときは、一般的な原則として元々の綴りと句読点を残す。しかしながら、私自身の文章の前後に引用句を入れるときには、私はしばしば文脈にあわせて最初の文字を大文字にしたり、小文字にしたりした。あらゆる場合に、私は当面するページの翻訳がある版を用いている場合でも、自分で翻訳するようにしました。

私は講義の打ち解けた調子をいくぶん残そうとしましたが、もちろんまったく身近な人だけに関連する言及や指示は取り除きました。そうした変更によって、ただ一つ私が残念に思うのは、講義の最初の部分で欽定講座の直接的な二人の前任者、ジェフリー・エルトンとパトリック・コリンソンに、私が捧げた賛辞が失われたことです。そこで私は最後に、この二人の偉大なケンブリッジの風格ある人物について一言申し上げておきたいと思います。

アクトン卿は彼の就任講義の冒頭で、彼が思想の一般的運動と記すことがらに関して語っています。(6) 歴史的な関心をそうした運動に向けるものにとって、イギリス史の決定的な時期が一七世紀中葉の統治体制の大変動と共にやってきたと感じないわけにはいかない、と。しかし、この判断は決して自明のものではありません。ジェフリー・エルトンは、一六世紀がいっそう形成的な重要性をもつ時期であると強調するのが自己の抱負の一つだと公然と語ることによって、イギリス史学史の外貌を一変させました。パトリック・コリンソンの貢献も、力強さと革新性において劣るものではありません。パトリックは学識と文体の優美さとの羨むべき結合によって、政治とおなじく思想の世界においても、プロテスタント・イングランドの産みの苦しみとエリザベス朝のピューリタン運動を含む時代が、主要な転換期だと認識せざるをえないと教示し続けています。(7) 私は以下の論文で一七世紀に帰るのですが、私はそれに先立つ時期に関する、エルトンとコリンソンの仕事による認識から得られた、変貌を遂げた光景へと帰っていくことを十分意識しております。

注

(1) 毎年の議会の改選および平等な広さの選挙区への要求は、とくにネオ・ローマ的な優先事項を反映しているように見える。

(2)婦人の依存的な地位と結果としての隷属状態について、Mill 1989, esp. pp. 123, 131-3, 149.

(3)ローマ的な法哲学および道徳哲学の用語は、たとえばマルクスの資本主義分析、とくに賃金奴隷制、疎外、独裁制の議論に、極めて顕著に見られる。

(4)ウィッグ主義から自由主義への移行について、Pocock 1985, esp. pp. 253-310, and Burrow 1988.

(5)Pettit 1993a, 1993b and 1997.

(6)Acton 1906a, p. 3.

(7)Collinson 1967 and 1988；それに以下の第一章注32参照。

目次

第一章　自由国家のネオ・ローマ理論

I

一六四二年にイングランドで内乱が勃発したとき、イデオロギー的な主導権は、最初はチャールズ一世の支配体制への敵対者によって握られていました。王室への議会の対立を擁護した者のなかで、おそらくヘンリー・パーカーがもっとも影響のあった人物ですが、彼は、少なくとも国家的な緊急時には「最高の司法権は、法律の問題とおなじく国家の問題においても」、究極の主権をもつ人民の代表としての議会両院の職務下に置かれなければならない、と主張しました。(1)「主権を行使する技術はすべて」、「権力は君主においては、ただ二次的で派生的なものであること」を承知していることに依存している、パーカーは一六四二年の『考察』のなかでこう言明しています。(2)「人民が〔権力の〕源泉であり作用因である」、したがって人民から選ばれた代表者たちは、「国王なしに公共的な緊急的事柄を判断する」権利をもち、人民の自由と安全とが脅かされた場合には、「何事をも処理する」権利をもつ、と。(3)

パーカーによる議会主権の擁護には、ただちに王党派による、国王本人が主権の唯一の「主体」ないしは保持者と見なされなければならない、という趣旨の主張が対置されました。(4)「国王と彼の権威」との間の「新しく刻印された区別」といわれているものを非難して、チャールズ一世の弁明者たちは、神は「聖書のなかで、主権と主権の衣をまとった人格は共に、国王のものであり、国王によって行使され、直接的に国王から導き出されると表現している」と主張しました。[5] この間、数多くのもっと慎重な議会派の人たちは、英国の統治体制の現実的作用に目を向け、絶対的すなわち最高の権威は、それよりむしろ、議会の中の国王という政体に属さなければならないと結論づけました。一六四二年に、『イングランドの絶対王政』の匿名の著者は、「国王と議会は堅固に結合して一つの絶対的権力を作る」と言明していましたし、[6] 他方フィリップ・ハントンは、その翌年に『王政論』で「国王の主権は」、「共に働く、議会の二身分の権威」によって制限されると主張していました。[7]

統治体制の危機が深まるにつれて、[8] 新しい発言がそうした何度も聞かされた議論のなかに波紋を広げていきました。主権の真の主体すなわちその保持者は、世襲的君主の自然人でも、複数の自然人からなる法人的団体でもなくて、むしろ国家という法人である、と主張されたのです。こうした主張には、ローマ法学者のあいだに先駆者がおり、[9] この議論は大陸の数多くの自然法哲学者によって急速に高揚され、あらたな発展の頂点を画するに至ったのですが、とりわけ一六七二年の『自然法と万民法』*De Iure Natuae et Gentium* で、サミュエル・プーフェンドルフは、国家を複合的な道徳的人格として説明しました。[10] しかし、英文の政治理論のなかでこうした動向は、[11] トーマス・ホッブズの名と結びつけざるをえません。[12] ホッブズは国家の主権に関する自己の見解を、一六四二年の『市民論』*De Cive* で展開していますが、[13] この問題の明確な提示を行ったのは、まさしく一六五一年の『リヴァイアサン』においてでありました。そこでは国家すなわちコモンウェルスは、「一つの人格であり、その行為については多数の人々が彼ら自身、一人一人をその行為の本人とする」、「この人格を保持するものが主権者と呼ばれる」[14]、こう記されています。要約すれば、まさしくここでわれわれは、国家とは最高権力を行使する人々によって、「保持され」、代表された法人の名前であり、彼らの代表という行為は、彼らが彼ら自身の臣民によって権威づけられている事実によって正統化される、という明瞭な主張に出会うのです。

　同時に、国家の権力と臣民の自由とのあいだの関係に関する、これと関連した見解が目立って現れるようになりました。市民的結社の一員として自由であることは、端的に自己の望む目的を追求する上で、自己の能力を行使することが妨げられないことであると、力説されたのです。国家の第一義的な義務の一つは、同胞市民が行為する権利への侵害を、あなたに思い止まらせることであり、国家はすべてのものに平等に、法による強制を課すことによって、その職務を果たすのです。しかし、法が止まるところに自由が始まる。もしもあなたが法の要請によって、物理的にも強圧的にも行為すること、あるいは行為を控えることを抑制されていないとすれば、あなたは自由に自己の能力を行使できる状態にあり、その限りで市民的自由を保持している、と。

　この学説はまた、ローマ法にも見出すことができますし、[15] イングランドの内乱の勃発後直ちに、数多くの法的思考をする王党派によって取り上げられました。グリフィス・ウィリアムズ、ダドリー・ディッグス、ジョン・ブラムホールらがそうであり、その後すぐにロバート・フィルマー卿が加わりました[16]。しかしながら、前と同じく一七世紀中葉のイングランドにおいてもっとも明瞭にこの議論を定式化したものは、ホッブズの『リヴァイアサン』に見出すことができます。この問題に関するホッブズの議論の組み立ては、簡潔さにおいてとくに際立っていますが、それは彼が法の強制力さえも、あなたの自然的自由を損なっていないという見解を保持しているからです。「一般的にいって、コモンウェルスにおいて、法を怖れて人が為すすべての行為は、その行為者がそれをしない自由をもっている行為である」[17]。この逆説的な学説は、唯物主義者としてまた決定論者として、ホッブズが運動している物質が唯一の実在を構成すると確信していた事実に根差しています[18]。したがって、一人の人間の自由は、彼の身体がその能力に応じて行為することから、妨げられていない、という事実以上のものではありません。「自由人とは、自らの力と知性とをもって為しうる事柄において、為そうという意志のあることが、妨げられずに為しうる人である」[19]。誰かある人物について、その人が自由に行動しているという場合、端的に為そうとする行為を為している、それを外的な障害や妨害なしに為したことを言うのです。これとは対照的に、ある特定の場面で行為する自由を欠いているというときは、その人の能力からして可能な行為が、なんらかの外的力の介入によって、不可能とされていることを端的に言うのです[20]。

この説明から明らかなように、ホッブズは人間行為との関係における意志の能力について、伝統的な用語法で語ることにまったく反対はしていません。しかしながら、彼がその用語法を呼び起こしたとき、彼はいつも、意志とは「熟考における最後の欲求」以上のものではなく、意志の作用はいつも、行為者の行為の最終的な原因であるものと共に、行為者の熟考に影響をあたえた諸要因によって引き起こされている、と主張しています[21]。これは別にいえば、行為の背後にある意志はいつも行為自身によって明らかにされるから、意志に反して行為を強制されると語るのはナンセンスであることを意味するのです。

われわれはここで、ホッブズに従ってあなたが法に従順に行為するときにも、あなたが自由の状態にあることとの意味を知ることができます。法があなたを強制し、不服従の帰結に関する恐怖を掻き立てることによって従順へと至らせるとき、法はあなたの意志に反して行為させる、そこで自由ではない形で行為させることで、そうするのではありません。法はいつも、あなたが不服従の意志を放棄し、服従する意志を獲得し、あなたが獲得した意志に照らして自由に行為する、そのように熟考するよう誘導することによってそうするのです[22]。

しかしながらホッブズは、もちろん法に体現されている処罰の脅威が、彼が注意深く表現しているように、あなたの意志を「順応させる」ことに役立つこと、あなたが順応する通常の理由は、あなたが不服従の結果を思い描くときに感じる恐怖であろうことを、同じように強調しています[23]。

だから、国内法という「人為的な鉄鎖」は、現実の鉄鎖と似ており、あなたを強制するように作られうるのです。人為的な鉄鎖が現実の鉄鎖と異なるのは、「破壊することの困難ではなく、破壊することの危険によって存続させられている」[24]点にあります。

ホッブズはこのようにして、臣民の自由について対照をなす二つの結論に導かれたのであり、その結論は彼の学説を、完全にディッグス、ブラムホール、フィルマーといった、他の王党派の学説と同列に置くことになりました。最初に彼は、あなたの市民的自由の範囲を、基本的に「法の沈黙」[25]に依存すると主張します。もしも法があなたに特定の形で行為すること、もしくは行為を控えることを望むのであれば、あなたを脅えさせ順応するように十分に配慮するでしょう。しかし、これと対照的なホッブズの結論は、あなたの意志が順応しなければならない法がまったくない限り、あなたは臣民として自由を完全に保持している状態にあるのです。[26]「主権者がなんら規則を制定していない場合では、臣民は自己の思慮分別に従って、行ったり思い止まったりする自由をもっている」[27]。臣民としてあなたは、物理的にあるいは法的に強制されない限り、自由の状態にあるのです。

ホッブズ自身がいつも強調するように、この分析を提唱する彼の目的の一つは、市民的自由の観念をその代りにキヴィタス・リヴェラ *civitas libera* すなわち自由国家の古典的理想と関連させている、まったく対照的な思想的伝統の信用を貶め、その地位を奪うことでした。[28]この対抗的な理論もまた、ローマの法的かつ道徳的議論の際立った様相であり、その後イタリア・ルネッサンスの共和主義的自由 *libertà* の擁護者、[29] とりわけマキアヴェッリによって、リウィウスのローマ史についての論考『リウィウス論』*Discorsi* のなかで、復興され採用されたのです。[30] 私が述べてきた理論が、ディッグズやホッブズ、フィルマーその他の王党派によってイギリス革命の過程で提出されるや否や、議会の大義を支持する数多くの人たちは、この古典的な自由の理解を再び主張することによって応答しました。そこで初期近代の政治思想のネオ・ローマ的な要素と言い表わすのが、多分もっとも適切なものが、再び脚光を浴びることになったのです。[31]

ルネサンス期のイングランドにおける人文主義的価値の受容とともに、このネオ・ローマ理論はすでに深いところに分枝した根を張っていました。パトリック・コリンソンは、すでに後期エリザベス朝の社会に「政治的な省察と行動における疑似共和主義的様式」が、いかに存在していたかを示しています。[32] その後すぐにリチャード・ビーコン、フランシス・ベーコンといった、「賢明な」人文主義者たちが自由な生き方 *vivere libero* に関するマキアヴェッリの思想を利用しはじめ、[33] 他方同様な思想がこの時期の劇作や詩作に現れはじめます。おそらくもっとも注目に値するものは、フィリップ・シドニー卿の『アルカディア』とかベン・ジョンソンのローマ劇です。[34] その後、自由国家の理論は一八世紀にいたるまで、統治をめぐる家父長的理論のみならず、契約論的理論の側にも、悩みの種であり続けました。この理論は、『甦ったプラトン』*Plato Redivi-*

vus のヘンリー・ネヴィル、『統治論』のアルジェノン・シドニーのような著者によって、後期スチュアート朝のいわゆる専政政治を攻撃するために復興させられました。この二人は、一六八〇年代初期の教皇主義と圧政の危険を危惧して、行動に移ったのです。[35]後に同じ理論は、一七二〇年代にボリングブルック卿とその仲間によって、ロバート・ウォルポール卿の支配するウィッグの寡頭政を攻撃する手段として、便宜主義的に取り上げられました。[36]その後リチャード・プライスと他のいわゆるコモンウェルスメンが、アメリカの植民者たちと、一七七六年のイギリスの君主的統治からの彼らの一方的な独立宣言とを擁護するために、それを再述したのですが、これはもっとも論争を呼んだものでした。[37]

しかしながら私は、一六四九年の国王処刑とイングランドは「コモンウェルスで自由国家」だとする公式の宣言のあとに、ネオ・ローマ的観念に固執した人々に焦点を合わせたいと考えます。[38]私たちはネオ・ローマ理論を、新しい政府が自己の擁護のために依頼した宣伝文書の中心部分に見出すことができます。[39]公式の新聞『政治速報』*Mercurius Politicus* の編集者、マーチモント・ニーダムは、一六五一年の九月から一六五二年の八月にかけて、一連の論説を発表しましたが、それは仲間の市民たちに「自由の国家に定住」しているとは何を意味するかを教えるという、明確な目的をもっていました。[40]ニーダムの編集者としての苦心は、ジョン・ミルトンによって認可され、監督されていましたが、ミルトンは一六四九年の三月に新しく創設された国家評議会の書記の一人として任命されていました。[41] ミルトンは同様に、新しい体制の意向に従ってその雄弁を用いることを求められており、一六四九年から一六五一年にかけて共和国《コモンウェルス》の擁護のために発行した文書、とくに一六五〇年の『偶像破壊者』第二版で、幅広く古典的な自由の理念を援用しました。[42]

こうした姿勢は一六五〇年代初期の共和国《コモンウェルス》を支持する群小の著者たちによって繰り返されましたが、[43] そこにはジョージ・ウィザー、[44] ジョン・ホール、[45] フランシス・オズボーン、[46] ジョン・ストリーター[47]が含まれていました。しかし、イングランドにおいて自由と統治に関する全面的な共和主義的理論が、台頭し頂点を画した時期は一六五六年のことです。二年にわたる悲惨な政体上の実験の後、オリバー・クロムウェルは五月に新しい議会を招集することを決心しました。護国卿を非難し真正な共和主義的解決を主張する機会を直ちに捉え、マーチモント・ニーダムは以前の論説を改訂し、一六五六年六月に『自由国家の優越』として再発行しました。[48] その二三ヶ月のあいだに、同じ機会を捉えてジェームズ・ハリントンは、議論の余地はあるとしても、自由国家に関するイングランドの論文のなかでもっとも独創的で影響力のあった、『オシアナ共和国《コモンウェルス》』を作成しました。これは一六五六年の暮れにかけて最初に現れたのです。[49]

イングランド共和国の大義は、支配的潮流とはなりませんでした。一六五八年のオリバー・クロムウェルの死後、政治的な混沌は深まり、王政の復古はただ単に時間の問題となったように思われました。イングランドの共和主義者たちの直接的な希望は、ジョン・ミルトンが『自由共和国樹立の要諦』を発行し、雄弁を最後に爆発させたときに消滅しました。その第二版は一六六〇年の四月に出ますが、そのときはすでに帰還するチャールズ二世を歓迎する準備が整いつつあったのです[50]。しかしながら、大空位期はヘンリー・ネヴィルやアルジェノン・シドニーのような著者の政治的感受性を育てたのに加え、その後の時代に一七世紀のネオ・ローマ的、共和主義的著作のもっとも豊かな遺産を残したのです。これら二人の人物は、一六四〇年代半ばから一六五三年にクロムウェルによって強制的に解散させられるまで、長期議会の若手議員でした[51]。

Ⅱ

ネオ・ローマ派の理論家たちが市民的自由を議論するとき、彼らは一般にその概念を厳密に政治的な意味で考えていることを、明確にしていました。彼らは支配者と被支配者のあいだの道徳的空間という、近代的な市民社会の観念をまったく持っていませんし[52]、家族とか労働市場といった制度に内在する、自由と抑圧の次元についてほとんど何も語っていません。彼らはほとんどもっぱら臣民の自由と国家の権力の関係に対して関心を集中させたのです。彼らにとって中心的な問題はいつも、市民的自由と政治的義務という対照的な要件が、できるだけ調和的に満たされるとすれば、そこで充足される必要のある諸条件の本質とは何か、ということでした。(53)

この問題を考える際、こうした著者たちは一般に、彼らの言う自由《フリーダム》とか自主《リバティ》とは、数多くの特定の市民的な諸権利を拘束されずに享受することと等置できる——より正確にいえば、明確に説明できる——と想定していました。(54) 議論のこうした表現方法は、古代の権威者たちの誰にも、自由な生き方 *vivere libero* に関するイタリア・ルネッサンスのネオ・ローマ的著者たちの誰にも、見出すことはできないのは真実です。たとえば、マキアヴェッリは権利という用語を決して用いていません。彼はいつも、個人的自由の享受を、よい秩序がある政府の下での生活から引き出される利益や便益の享受、と記すことに限定しています。(55) 対照的に、私が考察しているイギリス人の著者たちのほとんどは、（ハリントンは主要な例外ですが）、宗教改革のラディカルな政治理論との強固な混合体であることを示しています。その政治理論によれば、自由の状態が人類の自然状態なのです。(56) ミルトンが一六四九年の『国王と為政者の在任権』の最初の部分で、次のように宣言したとき、堂々たる確信をもって通念的な見識を要約しているのです。「いくら愚か者であっても、すべての人は生来自由に生まれ、神御自身の像、似姿であることを否定するものは」誰もいない、と。(57)

自然状態という観念、それにこの状態は完全な自由の状態だと主張することは、ローマやルネッサンスの文献には全く疎遠な考え方でした。しかしながら、一七世紀の著者たちのあいだでは、こうした根源的な自由は神の与えた生得権として、したがって一組の自然権と認識されねばならないという主張が発生しました。ミルトンの表現では、自然権を「保護し維持することが政府の主要な目的」となったのです。[58] ニーダムは問題の核心をより強調しました。私たちは神より、数多くの「自然的権利と自由」を与えられているだけでなく、「すべての政府の目的は、ひとびとが諸権利を確実に享受し」、支配者や同胞市民からの「圧力や抑圧がなく、人々の利益と安楽を達成することである（そうあるべきだ）」というのです。[59]

こうした自然的な諸権利を詳細に列挙することは、こうした著者たちの目的には含まれていません。しかし、一般的に言って彼らはそこに言論の自由、移動の自由および契約の自由を入れて考えており、しばしばすべての市民は、その生命と自由と財産を合法的に享受する平等な権利を持つという主張の形式で要約しています。[60] ジョン・ホールは、「無垢の自由とその娘である幸福」を語り、政府の一歩進んだ義務は、われわれに「市民的生活の積極的な幸福を享受することを可能にする」ことだと付け加えたとき、おなじみの連句に興味深い付加を行ったのです。[61] しかしほとんどのネオ・ローマ派の理論家たちは、支配者に対してニーダムの言葉でいえば、「生命と財産の安全、自由と所有」を維持することを求めることで満足しました。[62] たとえばシドニーは、「ひとびとの土地、自由、財産および生命の維持を求める法律」について語りましたし、[63] 他方ネヴィルは繰り返し「生命、自由、財産」を語り、ジョン・ロックが後に『統治二論』で規準《カノン》にした語句を呼び起こしました。[64]

こうした著者たちがこの自由と、それがいかに最良に保持されるかの考察に着手したとき、彼らは一致して市民的自由の観念をめぐる二つの基本的な前提に注目しました。[65] 私はいま、何よりもこの二つの前提に集中することにしたいと考えます。ここに焦点を合わせる一つの理由は、自由の意味に関する彼らの見解が、これまで詳細に分析されていないことにあります。[66] しかし主要な理由は、彼らが支持した自由の理論が、彼らの思想的特徴の中核を構成している、と私には思われるからです。彼らのしばしばあいまいな共和主義[67]よりも、彼らの徳性の政治への疑いない参与よりも、彼らの市民的自由の分析が、彼らが特定のイデオロギーの主唱者であり、一つの思想的学派の構成員であることを明確にするのです。

彼らが共有する前提の第一は、一人の市民が自由を持つあるいは失うということが、何を意味するかを理解することは、一つの市民的結社が自由であることが何を意味するかを検討することの内に、組み込まれているに違いないというものです。[69] したがって彼らは、諸個人の自由に焦点を合わせるのではなく、ミルトンが「共同の自由」あるいは「自由政府」と呼ぶことがらに焦点を合わせることから始めます。[70] それはハリントンが、「共和国の自由」と呼び、[71] シドニーが後に「国民国家《ネーション》の自由」と呼んだものです。[72] ニーダムの書名が高らかに私たちに想起させるように、この著者たちの主要な抱負は、「自由国家の優越」を立証することなのです。[73]

この著者たちが、共同体全体の自由について公言することで、何を意味したかを理解する糸口は、彼らが統治体《ボディ・ポリティク》という古代の隠喩を、可能な限り真剣に取り扱っていることを認識することにあります。ニーダムは『自由国家の優越』を、「自然的身体《ボディ》の運動」と市民的団体《ボディ》のそれとを比較することから書き始めており、また繰り返し「人民の構成体《ボディ》」、「コモンウィールの全体《ボディ》」[74]について語っています。同じようにハリントンは『オシアナ』で、「ひとびとの全体《ボディ》」に言及し、後に『政治の体系』で「統治の形態は、人間の形姿である[75]」とわれわれに伝えています。しかし、伝統的な比喩的説明をもっとも体系的に利用したのは、誰よりもネヴィルであり、彼はそれを用いて『甦ったプラトン』を構成することになる、三つの対話編の基本的枠組を提示しています。彼は三人の人物をわれわれに紹介することから始めるのですが、その一人はヴェネティア人貴族で、目下政治的健康の最良の状態を享受している統治体の一員です。[76]しかし、彼自身は最近身体的に不調で、イングランドに医学的な助言を求めてやって来たとされます。[77]そこから対話の第二の参加者、医者という登場人物が紹介されますが、彼はこの人物の治療を受けることになります。次に、この二人の人物は、第三の参加者であるイングランドのジェントルマンに、その祖国の統治体を悩ます、病気に比せられる不調について問いただそうとします。ジェントルマンは彼らに対して率直に、イングランドの国家は最近ひどい苦悶のなかで崩壊し、ほとんど消滅していると確言します[78]。その後の残りの対話は、イングランドの統治体を健康へと回復させるためのジェントルマンの計画を、概略述べることに費やされています[79]。

著者たちがこの隠喩を追求する場合の主要な方法は、自然的な身体も政治的な団体も同様に自由を保持したり喪失したりする、そのことの意味を検討することでした。ひとびとが自分の意志で、行為するあるいは行為することを控えることが出来れば、いやそうする場合にのみ、個々の人間の身体は自由である。これとまったく同様に、ネーションや国家がその望ましい目的を追求する上で、同じく自らの意志に従ってその能力を行使するのが拘束されないとすれば、いやその場合にのみ自由なのだ、こう彼らは主張します。自由な人格と同じく自由な国家は、こうしてその自己統治の能力によって定義されるのです[80]。自由国家とは、統治体の行為が構成員全体の意志によって決定される共同体なのです。

こうした捉え方への明白な示唆は、マキアヴェッリの『リウィウス論』によって与えられたのですが、その書物の冒頭で自由な都市〔国家〕は、「それら自身の意志によって統御されている都市〔国家〕」と定義されています[81]。ニーダムは『自由国家の優越』の冒頭でこの考えを取り上げ、自由な人民について話すときには、「彼ら自身の自由の守護者[82]」として行為する人民を語ると言明しています。後にシドニーはその『統治論』のなかで、より直接的に諸個人の自由との間にある類比に言及しています。「フランスでは通常『各人は自分の流儀で助けられることが必要

だ *il faut que chacun soit servi a sa mode*』といわれている。すべての人間の職務はその人の考えに従って為されなければならない。このことが特定の人格の場合に真実であるなら、ネーションン全体においてもより明白に真実なのだ(83)」。

こうした諸前提は数多くの政体上の含意を伴っており、ネオ・ローマ派の理論家たちはほとんど一致してそれに同意しています。一つには、もしも国家すなわちコモンウェルスが自由と考えられるとすれば、それを統御する法律——統治体の運動を規制する規則——は、そのすべての市民、すなわち統治体全体の成員の同意を得て、制定されなければなりません(84)。そうならない範囲で、統治体は自己の意志以外の意志によって行為するよう動かされ、その程度に応じて、自由を奪われることになるでしょう。

ニーダムは古代ローマ人を自由な人民にしたものは何かを説明する過程で、この議論を発展させました。ローマの人民が「実際自由で」あったのは、「いかなる法律も、最初に民会での同意なしに、人民に課せられることはなかった」からです。彼は「恣意的行為を阻止する唯一の方法は、いかなる法律もどのような支配も、人民の同意なしに行われないこと(85)」と推論しています。ハリントンは同じ問題点をかなり風変わりな言い方で敷衍します。彼は、ケーキを切り分けることを求められた少女は誰でも、自由な統治の基本的な秘訣が分かるというのです。「二人の少女がいるとして、「切り分けられていないケーキが、二人の間に与えられているとする」、と彼はいいます。「それぞれが相応しい取り分を得るように、一方が他方にこう言う。『切ってください、そうすれば私が選びましょう、あるいは私に切らせて下さるなら、あなたに選ばせましょう』、と。ここで一度同意がなされれば、それで十分なのだ」[86]。シドニーはより思慮深くしかし同じ精神で、自由国家は「人民に対するあらゆる権力を人民自身の中にもつ、完全な身体」と定義しています。そこでは「すべての者は権力に加わる、加わらない自由を平等にもち」、その結果、誰でも「全体によって与えられるのでなければ、他者以上の特権をもつ」ことは出来ないのです[87]。

批評家はしばしば、統治体《ボディ・ポリティク》が意志を持つと語るのは、混乱した潜在的に危険な形而上学だと困惑を述べています[88]。しかし、ネオ・ローマ派の理論家たちは、彼らは何も神秘的なことを考えているのではないと主張するのに苦心しました。彼らが人民の意志について語るとき、個々の市民各自、その意志の総計以上のものを意味していたのではありません。ハリントンがいうには、「人民はバラバラでは、ただ数多くの私的な利益に過ぎない、しかし一体となれば、人民は公共的な利益である」のです[89]。彼らは非常に無邪気に、人民の意志や利害はなんらかの一つの結末に収斂すると、いつも――あるいは非常にしばしば――期待できる、こう考えていたわけではありません。むしろ彼らは、人民の意志について語るときには、現実には多数者の意志を参照しなければならない、と想定していました。オズボーンは皮肉をこめてこう確言しています。人民は「とても慎み深いので、たとえ、通過した法律が彼らの意見とまったく正反対だとしても、自分自身とその考えは、多数派の投票のなかに暗黙の内に含まれていると認めている」、と。[90] 彼らはこれが、少数者の権利問題への完全に満足すべき解決だと、言明しているわけでもありません。彼らはただ、（私たちと同じく）人民が一体として行為できるために、よりよい手続き上の規則を考え出すのは困難だと主張したに過ぎません。シドニーが説明しているように、多数者の意志を結論的なものと受けとらなければならない理由は、すべての者が「不同意によって全体の決議を阻害する権利を保持する」のであれば、統治は不可能となるに違いないからです。[91]

統治体《ボディ・ポリティク》の隠喩によって示唆される、さらにもう一つの政体上の含意は、自由国家の統治は理念的に見て、個々の市民各自が立法への参与において、平等の権利を行使するのを可能とするものでなければならない、というものです。というのは、これのみが、立法的行為すべてが、統治体各員の全体としての明白な同意を適切に反映するのを、保証するからです。ニーダムが確言しているように、もしも人民が「なんらかの現実の自由」を持つべきであるなら、「法を制定しあるいは廃止」する「能力を持たされ」、「至高の権威をもつ資格を適切に与えられ」なければならないのです。[92] ミルトンは同意して、われわれが自由な人民と見なされるのであれば、われわれは「われわれ自身が選ぶ法」のみに服従しなければならないと述べています。[93] 後にシドニーは、われわれが自由を享受しているネーションについて語るときには、「彼ら自身が作った法にのみ統治されていたし、いつもそうされている」ネーションを意味していると、付け加えています。[94]

しかしながら、この文字通りの意味での自己統治が、ほとんど克服しがたいある困難を提起することは、承認されています。なかでももっとも明白な困難は、ハリントンが述べているように、「人民の全体は、かさ張りすぎて集会をもつことは出来ない」ことです。(95) トマス・モア卿は、一五一六年の『ユートピア』のなかで、ひとつの可能な解決を提唱しました。イングランドではこのとき初めて、自由国家 *civitas libera* の理想が真剣に描き出されたのですが、モアは真の共和国 *res publica* とは、連邦的共和国という統治形態を取らなければならないと、示唆しています。新しく発見されたユートピア島で、われわれが知る最初の事柄の一つは、その市民たちは自治的な五四もの都市に住んでおり、その都市はかれら自身の中から毎年選出される治政官によって諸事を運営していることです。(96) ミルトンはその『自由共和国樹立の要諦』でこの考えを熱心に取り上げ、そこで彼は「国のすべての州《カウンティ》」は、「一種の下位の共同団体」になるべきだと提案することで結んでいます。(97) その結果は、市民的統治のあらゆる問題において、人民の団体が「彼ら自身の手の内に正義」を持つことを可能とし、その結果、「かりによく統治されないとしても、彼ら自身以外だれも非難の対象とするものはない」のです。(98)

しかしながら、わたしが考察している著者たちのなかには、ニーダムのいう「人民という混乱した雑多な集合体《ボディ》」に、統治に対する何らかの直接的役割を与えようと情熱を表している者はほとんどおりません。(99) ミルトンでさえも、大衆は「法外で度を過ごす」傾向をもつと不満を述べていますし、[100] ネヴィルは彼らが厳格な自己統治にとって必要な、「冷静さも、思慮も、公的関心への配慮も不足している」のは明らかだと考えていました。[101] シドニーは貴族的ないつもの気難しい調子で、一般的な態度を要約しています。「厳密な意味での人民による統治（すなわち、純粋な民主主義で、そこでは人民は彼ら自身のなかで、彼ら自身によって、統治に属するすべての事柄を遂行する）について、私はそうしたものは知らないし、もしも世界に存在するとしても、そのために何も語る事はない」、と。[102]

彼らが一般に同意している適切な解決とは、人民大衆が徳と思慮とに優れた人々による国民議会、人民のために立法を行うために人民によって選ばれる議会によって代表されるというものです。[103] しかしながら、イングランドのコモンウェルスの場合に、この目的にもっとも適合的な立法的団体の類型をめぐって、鮮明な対立がありました。あるものは、庶民院がそれ自身適切に代表していると主張しています。これは、オズボーン、ニーダム、ミルトンといった著者たちが、共和国《コモンウェルス》の開幕の年に強調した見解です。王室と貴族院を廃止する法令を下した、残部議会の雇われ宣伝家たちは忠実に、オズボーンが述べたように、いまや「庶民院がもっとも公平に、もっとも自然に、もっとも偏りなくネーション全体を代表している」と主張しています。[104] ニーダムは「議会における人民の代表者たちが」、いまや「ネーションの最高権力を」構成していることに同意し、[105] ミルトンは同じメッセージを雷鳴のように轟かせるのを決して止めませんでした。われわれは一六六〇年になってもなお、彼が「一人の人物や貴族院を持たない自由な共和国《コモンウェルス》が、まったく最良の政府」であり、イングランドでは庶民院が「唯一の真の人民の代表と人民の自由」を構成している、と公言しているのを見出します。(106)

ハリントンは『オシアナ』のなかで、こうした議会の見方によって、それが少女とケーキの話の教訓を無視しているという理由だけでも、ぞっとさせられると平易に語っています。(107) ただ一つの評議会で統治することは、政策を審議する権利と実行する権利とを、同じ人々の手に委ねることです。しかしながら、少女たちがよく知っているように、同一の議員たちが切り分け選ぶとすれば、彼らがケーキ全部を一人占めにするのを阻止するものがなくなるでしょう。このことが二つの分離した評議会で統治することを必須にするのであり、その一つは審議し、もう一つは同意されたことを実行するのです。ハリントンはさらに、審議する評議会は貴族から選ばれた元老院の形態をとるべきであると確信していますが、それは「コモンウェルスの知恵は貴族の中にある」と彼が楽観的に判断していたからです。(108) 対照的に執行する評議会は、民衆——いやむしろ、民衆に選ばれた代表者——の下に置かれなければなりませんでした。その根拠は「コモンウェルスの利害は、人民全体の中にある」からです。(109)

一六六〇年のイギリスの王政と貴族院の復古の後、他ならぬこのハリントンの見解が、自由なコモンウェルスに関するもっともラディカルなネオ・ローマ派の著者の間でさえ、支配的であったのですが、それはほとんど驚くべきことではありません。ネヴィルはいつものように、ハリントンに追随して元老院と代表者の議会を支持する発言を行い、元老院は議会全体によって選出さるべきだと付け加えています。[110] 確かに伯爵の息子に相応しく、[111] シドニーは君主の絶対主義と民衆の行き過ぎを緩和するために、「偉大で勇敢な貴族」が必要だといっそう熱心に語っています。[112] その後、バランスのとれた混合的な政体の理想は、一八世紀のいわゆるコモンウェルスメンによって唱えられた提案の中心部分にあり続けましたし、最後に合衆国の憲法のなかに（大統領的要素へと変えられた王政的要素とともに）大切に保存されることになりました。

Ⅲ

さて、ネオ・ローマ派の理論家たちが市民的自由の理念に関して提唱した、以上とは別の特徴的な議論について考察したいと思います。この一歩進んだ主張は、市民自身の意志ではなく、むしろ全体としての共同体以外の何者かの意志によって統治されている国家を検討し始めるや否や、現れてきました。そうした国家について語りながら、彼らは再び、いかに真剣に自然的な身体と政治的な団体との類比を取り上げているかを明らかにしています。彼らは、統治体《ボディ・ポリティク》の場合において自由の喪失を語ることが意味する事柄は、個々の人格の場合と同じに違いないと想定します。彼らは続いて――彼らの古典的な信念のもっとも明瞭な宣言において[113]――、個々人が自由の喪失を経験することが意味するのは、その人間が奴隷とされることだと主張し始めます。したがって、ネーションなり国家なりがその自由を保持したり喪失したりすることが何を意味するかという問題は、奴隷とされる状態もしくは隷属の状態に陥ることが何を意味するかという点から、全面的に分析されるのです。[114]

もう一度、マキアヴェッリの『リウィウス論』がこうした思考の筋道に明白な刺激をあたえています。マキアヴェッリの冒頭の諸章は、大部分「自由の内に生活を始めた」諸都市と、[115]「起源においては自由ではなかった」諸都市との間の区別にかかわっており、その後者は、隷属状態で生きているとも記述されています。[117]ジョン・ホールはこの分析を密接に跡付け、「よい法と自由の増大をもたらした」古代ローマの業績と、「野蛮な隷属状態で衰弱し」「奴隷のように」生活している、非常に多くの近代的王政の苦境とを対比しています。[118]ミルトンは『要諦』の冒頭で同じ比較を登場させていますが、この著作にはミルトンによるマキアヴェッリの『リウィウス論』研究が、もっとも印象的に示されています。[119]彼は「隷属に戻ろうとするこの有害な気質」に反対して叫び声をあげることから始め、後に王政の下にある統治体を、「王権による隷属」と奴隷の軛の下にあって「嫌悪すべき束縛」に生きること、と語っています。[120]シドニーはその『統治論』を正確に同じように書き始め、「自由なネーション」と「奴隷状態で生きていた」人々との根本的な区別を描いていますが、その対比はその後同書全体を貫いています[121]。

こうした著者たちが奴隷制の理解のために主に依拠した権威は、ローマの道徳学者や歴史家たちでした。しかし、その古代の権威たちの見解はさらに、ローマの法的伝統からほとんど全面的に引き出されていましたが、それは結局はローマ法『学説彙纂』に大切に保存されています。したがって、われわれが一般的に使用されるようになった観念と区別とを回復しようとするのなら、他ならぬこの『学説彙纂』にこそ注意を向ける必要があるのです[122]。

奴隷制の観念は最初、『学説彙纂』の中の「人間の身分について」*De statu hominis* の規程の下で議論されていますが、そこでは人の法のなかのもっとも基本的な区別は、自由な人々と奴隷の人々との間にあると言われています[123]。『学説彙纂』のなかで自由の観念はいつも、奴隷の状態と対照して規定されており[124]、奴隷の苦境は、「自然に反して何者かの所有物とされている者の」それと規定されています[125]。

奴隷を不自由にするものは何かと尋ねるとすれば、彼らの自由の欠如は、物理的力もしくはその脅威によって、行為を強いられる事実に由来すると告げられることが予期されます。しかしながら、印象的なことに、自由と隷属の間の区別に関するローマの議論では、このことは奴隷の本質とは考えられていません。もちろん、奴隷は他者の所有物であり、彼らを所有している者によって、いつでも直接的に抑圧されうることが承認されています。[126] しかし、次のことは想起する価値があります。ローマの喜劇でもっともしばしば詮索された皮肉の一つは、主人と奴隷の関係の逆転、とくに機知に富む奴隷が彼ら自身の隷属状態が然らしめることから逃れ出る能力をめぐるものでした。[127] プラウトゥスの『幽霊屋敷』*Mostellaria* のトラーニオーという豪胆な登場人物は、おそらくこの主題のもっとも記憶に残る事例を提供しています。彼の主人は慈悲深くいつも不在という事実から、トラーニオーはいままで直接の抑圧をなんら受けたことがないと自慢することができるのです。[128]

では、こうした奴隷は、どのような意味で不自由なのでしょうか。『学説彙纂』の「人間の身分について」*De statu hominis* のすぐ後の表題 *titulus* は、もしも隷属の本質を理解したいのであれば、人の法のもう一歩立ち入った区別、すなわち人々が法的能力 *sui iuris* を持つものとして、彼ら自身の司法権ないし権利の内部にいるのか否か、という区別に留意する必要があることを明らかにしています。[129] 奴隷は一つの例――ローマ市民の子どもはもう一つの例[130]――ですが、彼らが自由を欠いているのは、彼らが「だれか他者の司法権に服しており」[131]、またその結果他の人物の「権力の中に」いる事実から派生するのです。[132]

このことが強制を上手く逃れている奴隷という、外見上の逆説を解決するのです。[133] そうした奴隷は事実上自己の意志に従って行為することが出来るのですが、あらゆるときに主人の権力のな

かに *in potestate domini* 止まるのです。[134] したがって、トラーニオーのような人物でさえ承認しなければならなかったように、彼らはいつも死と暴力に服し晒されている状態にあるのです。[135] 奴隷であること、したがって人身の自由を欠如することが意味することの本質は、このように誰か他者の権力のなかに *in potestate* いることなのです。[136]

ローマの道徳学者や歴史家たちは幅広くこの説明を利用し、[137] 他方それに加えて、奴隷は隷属的 *obnoxius*、永続的に危害や処罰に服し晒される状態にあると述べています。この隷属的 *obnoxius* という用語は、しばしば『学説彙纂』のなかに出て来ますが、法学者はそれをもっぱら法的責任の状態を指すものとして使用しています。[138] しかしながら、道徳学者や歴史家の間では、その用語はより広く、誰か他者の意志――あるいは好意――に依存している者の状態を記述するために使用されていることが知られます。[139] たとえば、サルスティウスは『カティリーナ戦記』*Bellum Catilinae* のなかで、「わが共和国が少数の有力な人々の司法権と支配に服従するようになって以来、残りの者は、有力者に隷属して *obnoxii* 生きている」[140] と不平を述べています。それに加えて彼は、そうした状態で生きていることは、市民的自由の喪失に等しいと言います。[141] セネカは『恩恵について』*De Beneficis* のなかで、同じように奴隷を人の身体が「彼らが帰属する主人の意のままである隷属した *obnoxia* 状態」[142] と規定しています。また、タキトゥスはしばしば *obnoxius* という用語を、自由を喪失した人々が被る隷属の状態を指すものとして使用する他に、[143] 危害にさらされ他者の意のままに生きている人々を記述するものとして用いています[144]。

ネオ・ローマ派の著者たちが、市民的結社が自由を保持している、あるいは喪失しているとは何を意味するかについて、彼らが与えた説明の基礎にあったものは、この奴隷の分析に他なりません。自由国家 *civitas libera* に関するこうした考え方を、初期近代ヨーロッパに伝達する上で、おそらくもっとも重要な水路となったのは、リウィウスのローマ史でした[145]。リウィウスの歴史の冒頭の巻は[146]、主にローマの人民が初期の国王たちから彼ら自身を解放し、工夫して自由国家を建設した記述に当てられています[147]。自由国家とは毎年政務官[148]が選出され、すべての市民が法の支配に平等に服従している国だと、リウィウスは説明しています[149]。そうした国家は、それゆえ自治的な共同体と定義でき、そこでは――リウィウスがネオ・ローマ派の著者たちに大きな反響を呼んだ表現で付加しているように――「法の命令権 *imperium* はどんな人間のそれよりも大きい[150]」のです。ここから暴政のみならずあらゆる種類の王政が、公的自由の維持とは両立しうるはずがないことが帰結します。冒頭の巻を通してリウィウスは絶えず、ローマ初期の国王たちの支配と、タルクイニウス王が最終的に追放されたとき、ローマの人民が獲得した自由を対比しています[151]。

対照的にリウィウスが、自由国家が自由を喪失するメカニズムを語るときには、例外なくそこにある危険と奴隷に陥る危険とを同一視しています[152]。その冒頭の巻は標準的な法律的用語を利用して公的な隷属の理念を説明し、自由を欠いた共同体を *in postetate* で生きること、すなわち他のネーションや国家の権力の範囲内で、あるいは支配の下で生きることと記しています。[153] しかしながら後の巻で彼は、時折別個の決まり文句に訴えていますが、それはその後初期近代のネオ・ローマ派の著者たちに大きな反響を呼ぶことになりました。彼は公的な隷属の指標とは、他のネーションなり国家なりの意志に依存している状態で生きていることだと記しています。[154] そのもっとも明瞭な事例は、ギリシャ諸都市がローマと良い関係を回復するために払った努力を、彼が想起している章句のなかに現れています。必須の政策とは——その代弁者の一人に言わせているのですが——自由 *libertas* の保持、すなわち「他の誰の意志にも依存することなしに、自己自身の力によってすっくと立つ能力」[155]、これを前提とするのです。

ジェームズ・ハリントンが『オシアナ』で述べているように、まさしくこの古代の自由の説明を、マキアヴェッリがリウィウスの中に見出し近代世界に伝えたのです。[156] リウィウスとマキアヴェッリはサルスティウスと共に、私が考察している著者たちのもっとも偉大な文筆上の英雄となりました。ハリントンはマキアヴェッリを「近年の唯一の政治家」と賞賛し[157]、ネヴィルはさらに進んで、マキアヴェッリは比肩すべきものがなく神々しい、とさえ語りました。[158]

こうした権威を利用しながら、ネオ・ローマ派の著者たちは公的な隷属へといたる二つの別個の経路について語っています。まず第一に、彼らは自然的な身体と同じく統治体《ボディ・ポリティク》が、選んだ諸目的を追求するために自己の意志に従って行為する能力を、力づくで強制的に奪われるとすれば、不自由と表現されるは当然だと考えています。それ以上に、彼らは自由な人民へのそうした力の行使を、暴政の徴候を定義するものに他ならないと受け取りました。[159]このことは、チャールズ一世による一六四二年一月の五人の庶民院議員逮捕の企てが、イギリス革命の「ウィッグ的」解釈の支持者によって、（マコーレイの言葉では）チャールズ一世の人生の「もっとも重大な決断」で、彼への対立を「直ちに抑えがたいもの」とした決断だ、こう考えられるようになった理由を説明するのです。[160]とくにミルトンはこのエピソードから、『偶像破壊者』[161]の重要な場面の一つを作りました。国王が「およそ三百人の威張り屋や乱暴者」を伴って庶民院に侵入したとき、彼はネーションの代議制的機構《ボディ》が、コモンウェルスの懸案を審議するという根本的な義務を遂行するのを、妨害しようと試みたのです。[162]別言すれば、彼は国家の行為の決定要因としての統治体の意志に代えて、力づくで自己の意志を置こうとしており、それゆえ議院全体の名誉と自由を侵害し、暴行を加えたのです。[163]後にミルトンは、一九項の提議を検討する過程で教訓を引き出しています。

「もしもわれわれの最高の協議と提案された法律が、国王の意志によって終結させられるとすれば、そのとき一人の人間の意志がわれわれの法律となり、どんな洗練された議論も、議会とネーションを奴隷状態から救い出すことは出来ない。どんな暴君も、彼の意志なり理性が、満足の行くものでなくとも、すべてものの原因とされすべてを決定することぐらいは命令出来る」(164)。

正当性のない力の行使は、いつも公的自由を掘り崩すひとつの手段なのです。

しかしながらこうした著者たちは、国家なりネーションなりが、その行為が統治体《ボディ・ポリティク》全体の代表者以外の何者かの意志によって決定される事態に陥り勝ちであり、そうされても当然というのであれば、それだけでその自由を奪われるであろう、と同じように強く主張しました。共同体は事実上暴君的に統治されていないかもしれません。その支配者は法の命令に従うことを選び、その結果、統治体は実際には政体上の諸権利をなんら剥奪されないかもしれません。にもかかわらずそうした国家は、もし行為する能力がなんらかの形で、その市民の団体以外の何者かの意志に依存しているとすれば、そうした国家は奴隷として生きていると考えられるでしょう。

こうした公的な隷属の第二の形態が発生しうるには、二つの別個の経路があるといわれています。一つは、統治体が植民とか征服の結果として、他の国家の意志に従属している場合です。これは、私が考察している著者たちが重大な関心を寄せる論点ではありませんが、後に一八世紀のアメリカ植民者の擁護者にとっては、極めて重要なものとなりました。これは常に十分に強調されているとは多分言えないのですが、十三邦《ステイト》の側の決定的な反抗的行為は、「独立宣言」すなわち英国王室への依存状態――したがって隷属――に終止符をうつ宣言という形式を取っています。

アメリカ植民地を隷属的な邦として取り扱う問題は、一七七八年の『市民的自由二論』でリチャード・プライスによって、格別の勇気をもって提出されました。どのような国であれ、「他国の立法行為に従属し、そこに代表を送れず、影響力を行使することも出来ない場合には、自己自身の意志によって統治されているとは言いえない。それ故、そうした国は奴隷状態にある」[165]、こうプライスは宣言しています。プライスが後に説明しているように、これは「自由な政府は、なんらかの優越する権力によって命令され、変更を余儀なくされるのが当然となった瞬間、その本質を失う」[166]事実から帰結します。

こうした形態の公的隷属が発生しうる別の経路とは、国家の内部の政体が、統治する人々の側に、裁量的ないし大権的権力を行使する余地を与えている場合です。このことは、私が考察している著者たちが、チャールズ一世のいわゆる暴政の分析において、議会が彼に送付したあらゆる法律に関して、彼が「否定的な発言」すなわち最終的拒否権を保持しているのを非常に強調した、その理由を説明します。彼らはオズボーンのいうように、そうした権力の存在はそれ自身「まさに自由の本質の破壊である」[167]と主張するのに、完全に賛成しています。しかし、ミルトンは『偶像破壊者』でさらに進んで、古典的知識に依拠して、裁量的な権力が一様に自由国家を奴隷の地位に変えるように作用する理由について、より考え抜いた説明を提供しています。

ミルトンは一九項の提議とそれに対するチャールズ一世の回答を検討するなかで、自己の基本的な原則を述べています。

「すべてのコモンウェルスは一般的に、幸福で便利な生活へと導くすべての事柄において、それ自身自足的な社会と定義される。もしもその社会が、必要不可欠なもののいくつかを、一人の人物の贈与と好意なしに、あるいはその人物の理性と良心の許可なしに、持つことが出来ないのであれば、それはそれ自身自足していると考えることはできないし、結果としてコモンウェルスとも、自由とも考えることは出来ない」[168]。

ミルトンは続いて、イングランドのコモンウェルスの場合には、何が幸福を導くかを決定する能力は、「選挙によって集められ、自由なネーションの全権委任を持って導かれる、議会全体の共同の発言と有効性」[169]と共にある、と説明しています。しかし、議会の決定が「いかなる時点でも一人の人間の単独の判断によって拒否されうる」のであれば、ネーションは自由に生きているということは出来ません。[170]拒否権の制度は議会の独立を取り去り、議会を国王の意志に服従させ、依存させるのです。「彼にそれを与えれば、議会は自由を持たなくなる。ちょうど議会が、国王の手に握られた縛り首の縄を巻かれているようなものであり、彼が気の向くまま、拒否という縄を手繰り寄せると、ネーション全体が窒息させられる」[171]。

ミルトンが公的な自由の名のもとに、国王の拒否権の実行ではなく、まさしくその存在に反対していること、これを認識することが重要です。そうした政体の下に生きることは、統治体《ボディ・ポリティク》が議会に代表されているネーションの意志以外の意志によって、行為するよう動かされる、不断の危険に晒されて生きることなのです。身体が自分のではなく他者の意志に服従するとは、身体が奴隷化されることです。その意味することは、ネヴィルの『甦ったプラトン』におけるヴェネティア人貴族という人物によって、いっそう明瞭に示されています。

「私は議会で国王の拒否的発言権について多くの意見を聞きました。私の意見ではそれは、人民の努力と労苦を、国王が気ままに失望させる権力、それに人民が議会で会合する権利をもつことが王国にもたらす、良き事柄を阻害する権力と同じようなものです。というのは、もしもわれわれがヴェネティアでそうした特権を、伯爵とか、行政官の誰かに与えていたとすれば、われわれは自分自身を自由な人民と呼ぶことができなかったことは確実だからです[172]」。

もう一度いいますと、そうした特権の行使ではなく、単にそれが存在することが、公的な自由にとって破壊的と考えられたのです。

こうした態度によって、私が考察している著者たちは、王政と公的自由とはそもそも本当に両立しうるのか否か、という問題から逃れられないことになりました。この論点に直面したとき、彼らは極めて対照的な二つの方法で応答しています。あるものは統治体の基礎にあるイメージに厳密に固執し、そうした身体が頭脳なしに有効に機能することは明らかに不可能だと主張しています。[173] 彼らは、頭脳が身体全体によって同意され制定された法律には、どのようなものであれ従うことが、絶対に必要だと認めています。隠喩を用いずにいえば、国家の元首は、コモンウェルスの身体を、彼の個人的意志であれ王室の特権的権力であれ、それに依存させる状態へ移すどのような権力も剥奪されていることが、絶対に必要なのです。しかしながら、こうした安全装置が課せられるかぎり、私が考察している著者の多くは、混合政府の体制を積極的に好んでいます。[174] そこには、貴族的な元老院と市民全体を代表する民主的議会とともに、王政的要素がありました。彼らは従って、マキアヴェッリが『リウィウス論』の中で表現しているように、共同体は共和政の下であれ君主の支配の下であれ、自治的でありうるという考え方に、何も逆説的なものがあるとは考えていないのです。[175] 少なくとも原則の上では、君主が自由国家の支配者であることは可能なのです。[176]

これとは対照的に、イングランド共和国のもっとも率直な主唱者たちは、元々はリウィウスによってその歴史の冒頭で提唱された議論に立ち帰りました。[177] 国王の下に生きる共同体は、自由国家と見なされる資格は持たない、というものです。われわれはこうした見解がまったき確信をもって——別にいえばおそらく単に粗雑なままで——残部議会を擁護する群小の著者たちによって展開されたことを知ります。たとえば、ジョン・ホールは、王政は「真に政府の病症」であり、人民が国王の下で生きることは、「危険な奴隷制」となんら変わらないと宣言しています。[178] フランシス・オズボーンは、あらゆる君主たちは「権力をもつ怪物」で「一般的に悪」であり、エリザベス女王さえも暴君だと同意しています。[179] すべてがそうだから、ホールは思慮深い人間がかつてチャールズ一世を支持し得たとは驚きだと公言しています。「私をもっとも驚かすのは、この英雄的で学識ある時代の人々が、自由の思想のために立ち上がらないだけでなく、その代わりに自分たちの知恵と武力とを、自分自身に対立させ、自分たちを奴隷にしているものたちを維持するために、用いていることを知ったことだ[180]」。

王政への具体的な反対論のなかでも、こうした著者たちは国王たちが、オズボーンのいう「お世辞を言う牧師や廷臣」を取巻きとするのを好むことに苦情をのべています。取巻きたちの「権力や所領」は「完全に王室に依存して」おり、彼らは一般に屈従や腐敗を招く影響を及ぼしている、と。[181] しかし彼らの主たる反対論は、オズボーンが付け加えるように、国王たちが一様に「他でもない、彼らの恣意的な権力の増大」を追求していることでした。[182] いかなる国王もいつも強欲で不実であることは確かで、「どんな強い拘束の紐でも、かれが臣民たちのもっとも不可侵の領域に侵入するのを押し止めることはできない[183]」。

それゆえ彼らは自治の形態をもつ共和主義が、公的な自由が適切に維持されうる政体の唯一の類型に違いないと、結論づけます。したがって、オズボーンは同胞市民たちに、「自由人の自然な形姿を想定し」、「国王の重圧の下になおお馬鹿さんでいる」ことのないように勧めています。(184) 同じようにホールは、「人民は自分たちと一緒の利害関心をもち、関心を払う、多くの人間たちによって支配されるのが、つねにより幸福」となるだろうと主張しています。とても考えられないもう一つの選択肢は、彼らが「一人の人物の畜群、相続財産の数に入れられることであり、彼らは彼の貪欲と狂気に完全に従属することになるのです」(185)。こうした著者たちは自分たちを共和主義者と明瞭に考えていただけではなく、共和国のみが自由国家でありうると、おなじく明瞭に宣言しています。(186)

注

（1）[Parker]1934, p. 194. パーカーの議論については、次のものを参照。Tuck 1993, pp. 226-33それに Mendle 1995, esp. pp. 70-89.
（2）[Parker]1934, pp. 208, 168.
（3）[Parker]1934, pp. 168, 211.
（4）一七世紀初期のイングランドにおけるこの理論の興隆については、次を参照。Sommerville 1986,

esp. pp. 9-56. 主権の保持者を主権的権力の「主体」と記述することについては、[Parker]1934, p. 210.

(5) たとえば、[Maxwell] 1644,p.32.マクスウェルについては、Sanderson 1989, pp. 48-51.

(6) *Englands Absolute Monarchy* 1642, Sig. A, 3v.

(7) [Hunton] 1643, pp. 38, 39.この発展については、Judson 1949, esp. pp. 397-407 and Sanderson 1989,pp. 30-2. を参照。

(8) 私は、単なる運営上の頓挫ではなく、政体的危機があったと考えるが、より控え目にみる主張の古典的な説明として、Elton 1974, vol.II, pp. 164-82, 183-9.を参照。エルトンの議論が、この時期のいわゆる修正主義的歴史家によって、綿密に仕上げられていることについては、Adamo 1993を参照。危機がマルクス主義的な意味で革命的であるとの主張に関する批判的検討として、MacLachlan 1996, esp. pp. 55-63, 231-51.

(9) Hayward, 1603, Sig. B, 3v.では、国家は「多くの者が一つの権力と意志に結合」している連合と記述されている。この時期のイギリス文民の政治理論については、Levack 1973, pp. 86-121.同じ時期に、国家を支配者からも被支配者からも区別して、抽象的実体と捉える思想が台頭したことについては、Skinner 1989.

(10) プーフェンドルフは *civitas* という用語を使用しているが、彼の文献が一七〇三年に英訳出版されたときには、翻訳者は *civitas* を State〔国家〕とした。Pufendorf 1703,7.2.13. and 14, pp.151-2.

(11) Pufendorf 1672, Ⅶ.2. 13, p. 886は、国家を「複合的な道徳的人格で、その意志は、数多くの個人の契約によって結合され、全体の意志と受け取られる」('Persona moralis composita, cuius voluntas, ex plurium pactis implicita & unita, pro voluntate omnium habetur')と定義している。同時に彼はホッブズをこの人格を巧妙に描き出したと賞賛し、ホッブズ的な調子で(Ⅶ.2. 14, p.

887)主権を持つ諸個人や議会は、単に国家の意志を実行するに過ぎないと付け加えている。('Voluntas civitatis exserit vel per unam personam simplicem, vel per unum concilium').

(12)Gierke 1960, pp. 60-1, 139 ; cf. Runciman 1997, esp. pp. 4-5.

(13)Hobbes 1983, Ⅴ.Ⅸ-Ⅻ, pp. 134-5.

(14)Hobbes 1996, p. 121.

(15)*Digest* 1985, Ⅰ. 1. 1, vol. Ⅰ, p.1では、法律は主として処罰の恐怖('metu poenarum')を引き起こすことによって、われわれを善良にするという見解のために、ウルピアーヌスが引用されている。また、次の個所をも参照。Digest 1985, Ⅰ. 5. 4, vol. Ⅰ, p. 15, ここでは「自由とは、問題の行為が物理的な力もしくは法律によって妨げられないのであれば、欲することは何でも為すという自然の能力である」との見解のために、フローレンティーヌスが引用されている。('Libertas est naturalis facultas eius quod cuique facere libet nisi si quid vi aut iure prohibetur ').

(16)Williams 1643, esp. pp. 82-4. [Bramhall] 1643, esp. p. 70 ; [Digges] 1643, esp. p. 14 ; Filmer 1991, esp. pp. 267-8. 同様の議論は、明白な服従にもかかわらず、妻たちは不自由ではない、と主張するために用いられている。Sommerville 1995, pp. 79-113を参照。

(17)Hobbes 1996,p. 146.

(18)この前提およびそれがホッブズの意志の学説に対して持つ影響については、Gauthier 1969, pp. 5-13.

(19)Hobbes 1996, p. 146.

(20)もしも行為が彼らの能力の範囲内にはないとすれば、彼らに欠けているのは自由ではなく行為する能力である。Hobbes 1996, p. 146, cf. Skinner 1990a, esp. pp. 123-8.

(21) Hobbes 1996, p. 45.
(22) しかし、Brett 1997, pp. 228-32が鋭く示しているように、この点でホッブズの議論には混乱がある。あなたの身体上の自由の保持（外的障害からの自由）は、明らかに自然的自由（あなたの能力を意志に従って使用する自然的権利）の保持を前提としている。しかし、Hobbes 1996, p. 120によれば、臣民となる契約を行ったときには、自然的自由を放棄するのである。
(23) Hobbes 1996, pp. 120-1. ホッブズは元々は遂行する'performe'と書いた。後にかれは校正刷りの訂正のあとで、元々の言葉の上に紙を貼り取り消し、同調する'conforme'と挿入した。かれは明らかにこの論点が重要でありかつ定式化するのが困難であることに気づいていた。タックはHobbes 1996, p. 120の注に取り消しがあることに注目した。
(24) Hobbes 1996, p. 147.
(25) Hobbes 1996, p. 152.
(26) しかしながら、ホッブズの議論を完成させるためには、Hobbes 1996, pp.150-3で強調されている、次のような一歩進んだ主張を付け加える必要がある。すなわち、「どんな契約によっても放棄されえない」、行為の自然的権利があるのだから、「主権者によって命令されたとしても」、臣民は「にもかかわらず正当に拒否することができる」ある種の行為があるに違いない、と。
(27) Hobbes 1996, p. 152.
(28) Hobbes 1996, pp. 149-50; cf. Hobbes 1969, pp. 26, 28, 30-1, 43.
(29) この伝統の進化に関する古典的研究は、Baron 1966. それに、Pocock 1975, pp. 83-330 and Skinner 1978, vol. I, pp. 3-48, 69-112, 139-89. マキアヴェッリの自由な生き方 *vivere libero* 論については、Skinner 1981, pp. 48-77および、とりわけ Viroli 1992, esp. pp. 126-77. 一七世紀イングラ

ンドにおけるマキアヴェッリの引用については、Raab 1964, pp. 102-217を参照。

(30)マキアヴェッリはその*Discorsi*を一五一四年頃に始め、その著作を一五一九年に完成した。Skinner 1978, vol. I, pp. 153-4.

(31)以前には私は、ネオ・ローマ理論とは言わずに、自由の共和政的理論と言っていた。Skinner 1983, Skinner 1990c, しかし、私はこの用語法は今では誤解を招き易いと考えている。以下の注174、注176を参照。

(32)Collinson 1990, p. 23は、ポーコックの分析に挑戦している。パトリック・コリンソンによるこの開拓的研究を引用できることは、とりわけ喜ばしい。というのは、彼はこうした発見を、ケンブリッジの近代史欽定教授就任講義で提出したからだ。

(33)ベーコンについては、Peltonen 1995, esp. pp. 74-102.またベーコンの同様な命題については、Peltonen 1995, esp. pp. 194-219.この時期の共和政的理念については、さらにNorbrook 1994.

(34)シドニーについては、Worden 1996, esp. pp. 227-39. 参照。ジョンソンについては、Barton 1984; Archer 1993, pp. 95-120; Smuts 1994, pp. 31-4 and Worden 1994e.

(35)ネヴィルの*Plato Rediviuus*は、最初一六八一年に出版された。Fink 1962, p. 129.ネヴィルについては、Fink 1962, pp.123-48; Robbins 1959, pp. 5-19; Pocock 1975, esp. pp. 417-22参照。シドニーの『統治論』は一六八一年から一六八三年のあいだに書かれ、一六九八年まで出版されないままであった。Scott 1991, pp. 201-2, 361参照。シドニーについては、Fink 1962, pp. 149-69; Scott 1988 and 1991; Houston 1991.この時期の共和主義については、Worden 1994d, pp. 144-65.

(36)私はその物語のこの局面については、Skinner 1974で詳しく述べた。

(37)プライスについては、Robbins 1959, pp. 335-46. 彼の自由に関する見解については、Thomas

1977, pp. 151-73 and Miller 1994, esp. pp. 373-6.アメリカ革命における共和政的議論に関する古典的説明は、Bailyn 1965, esp. pp. 55-93.また、Houston 1991, pp. 223-67.最近の詳細な説明は、Rahe 1992.

(38) Gardiner 1906, p. 388. 一六五〇年代の共和主義に関する最近の研究として、Worden 1991; Scott 1992; Pocock and Schchet 1993.また、つぎの優れた概説をも参照。Worden 1994a, 1994b and 1994c.

(39) しかしながら、Worden 1994a pp.61-2が指摘するように、こうした議論は、ウースターシャーでの勝敗を決する戦闘（一六五一年九月）の後ではじめて増大したことが知られる。それ以前では、残部議会の事実上《デファクト》の擁護が支配的であった。これについては、Wallace1964 and Skinner 1972.

(40) Nedham 1767, p.xii.ニーダムの編集については、Frank 1980, p. 90.

(41) ニーダムのミルトンとの関係については、Frank 1980, esp. p. 86 and Worden 1995.

(42) Corns 1995, esp. pp. 26-7 and 36-40は、ミルトンのコモンウェルス擁護の文書はすでに共和政的価値を体現していると示唆している。彼は適切に市民意識の理想を取り出しているが、しかし『偶像破壊者』では、ネオ・ローマ的な自由の理論が、より破壊的な役割を果たしていると論証できる。以下の二章注40参照。『王の肖像』*Eikon Basilike* を貶めるために、ミルトンが用いた文学的戦術については、Zwicker 1993, pp. 37-59.

(43) しかし、Worden 1994a, pp. 57-9, 64-8は、ニーダムやミルトンが公的な宣伝文書を書いていたものの、彼らは同時に新しい体制に非常に批判的であったことを、適切に強調している。

(44) Wither 1874.ウィザーの *To the Parliament and People* への序文は、一六五三年に最初に現れた。Smith 1994, pp. 191-2, 230-2.

(45)[Hall]1700.ホールの文書と最初の発行の日時（一六五〇年）については、Smith 1994, pp. 187-90, 213-15参照。

(46)[Osborne]1811.オズボーンの文書の帰属および最初の発行の日時（一六五二年）については、Wallace 1964, p. 405；Smith 1994, pp. 190-1.

(47)ストリーターについては、Smith 1995.

(48)この版については、Pocock 1975, pp. 381-3；Frank 1980 pp.93-100；Worden 1994a, pp. 74-81. 二つの版の関係については、Frank 1980, appendix B, pp. 184-5. Worden 1994a p.81が記しているように、ニーダムの文献は、一七六七年にアメリカ植民地をめぐる論争の文脈で再発行された。私が使用しているのは、この版である。

(49)出版の日時と文脈については、Pocock 1977, pp. 6-14.古典的共和主義者としてのハリントンについては、Pocock 1975, esp. pp. 383-400, and Pocock 1977, esp. pp. 43-76.ハリントンはむしろホッブズの継承者だという示唆を含めて、ポーコックの解釈の問題点については、Rahe 1992, pp. 409-26 and Scott 1993, pp. 139-63.

(50)一六五〇年代末でのミルトンの共和主義の首尾一貫性については、Dzelzainis 1995.

(51)Robbins 1959, p. 32；Scott 1988, pp. 86, 100-1.

(52)彼らはしばしば「市民社会 civil society」という用語を使用しているが、それはただ、われわれがコモンウェルスの一員として生きている状態から、自然状態を区別するためだけに過ぎない。たとえば、Harrington 1992, pp. 8, 23.その結果、彼らは時折市民社会を家族と対比している。たとえば、Sidney 1990, II. 5, p. 96.

(53)私は意図的に freedom と liberty という用語を、ここでもそのほかの場合でも相互に置き換え可能なものとして使用している。Pitkin 1988が、この二つの用語は同意義ではないと主張するのは適切である。しかし、私が考察している著者たちの間では、その相違に哲学的な重要性があるとはなんら考えられていない事実は残る。たとえば、Hobbes 1996, p. 145は、臣民の自由の章を、'LIBERTY, or FREEDOME'と語ることで始めている。

(54) 私が考察している著者たちは一般に、（強制 constraint よりは）抑制 restraint の欠如を語っているのだが、彼らは、強制的に抑制されている場合と同じく、行動するように強制されている場合に、自由は掘り崩されると想定している。強制 constraint はこの二つの可能性を含むから（抑制 restraint は、前者だけを含む）、使用するのにより良いと考えられている。ハリントンはこの問題を意識しており、強制 constraint を語るのを好んでいる。Harrington 1992, p. 22.（ネヴィルは同じ用語法を採用している。Neville 1969, e.g., p. 111.）まさにこうした言葉の用語法をめぐる論議については、以下の文献のジェレミー・ベンサムとジョン・リンドの間の往復書簡に関する説明を参照。Long 1977, pp. 54-61 and Miller 1994, pp. 393-5, and Pettit 1997, p. 42.

(55) Machiavelli 1960, I. 16, p. 174, and II. 2, p. 284. ここでマキアヴェッリは、公共的有益 *comune utilita* および利益 *profitti* を語っている。かれは決して権利 *diritti* を語っていない。

(56) この背景については、Salmon 1959, esp. pp. 80-8, 101-8.

(57) Milton 1991, p. 8；cf. Neville 1969, p. 85；Sidney 1990, I. 2, pp. 8-9.

(58) Milton 1980, p. 455；cf. Neville 1969, p. 130. それ故、市民的自由に関するネオ・ローマ理論と契約論的説明とを、想定される彼らの諸権利の対照的な取り扱いを参照することによって区別することはできない。私は以前、あまりにルネッサンスの文献だけを排他的に注視したことから、別様に議論していた。Skinner 1983, 1984, 1986,ただし、次の文献の正当な批判をも参照。Houston

1991, esp. p. 137, Charvet 1993, esp. pp. 11-14.

(59)Nedham 1767, pp. 87,11.

(60)一七世紀後期イングランドにおいて、あらゆる党派にこの主張が受入れられたことについては、Harris 1990.

(61)[Hall] 1700, pp. 10, 15. トマス・ジェファーソンがハリントンを読んだとし、その結果ジェファーソンが「生命と自由と幸福の追求」を結び合わせたのだとすれば、ジョン・ホールの文書が（J.H.の頭文字で）、一七〇〇年にジョン・トーランド版ハリントン著作集の中で、再版されたことは、示唆的である。この版を私は使用している。

(62)Nedham 1767, pp. 72-3.

(63)Sidney 1990, Ⅲ. 16, p. 403 ; cf. Ⅲ. 21, p. 444, and Ⅲ. 25 , pp. 464-5.

(64)Neville 1969, pp. 122, 125, 131, 185 ; cf. Locke 1988, esp.Ⅱ. 123, p. 350. こうした権利についてのロックの説明については、Tully 1980, pp. 163-74.

(65)この時点まで、私が考察している著者たちの諸前提は、内乱の勃発時に「モナルコマキ」の主張を参照することによって議会を擁護した人々によって共有されていた。その主張とは、（既に見たように、とりわけヘンリー・パーカーによって提出されたものだが）、自然的に自由で根源的に至高である人民は、彼らの至高の権利を彼らの利益のために行使するように単に委任するに過ぎず、主権者の最高の権利は保持しており、その結果として、彼らの利益ではなく損害をもたらす支配者を除く権利を持つ、というものである。この「モナルコマキ」理論については、Skinner 1978, vol. Ⅱ, pp. 302-48. 一六四二年におけるパーカーによる理論の明確化については、[Parker] 1934, esp. pp. 168, 170-1, 186. この思想の系列を「共和主義者」と呼ぶ論者もいる。たとえば、Tuck 1993, pp. 221-53. しかし、パーカーは明らかに暴君に反対したのであり、彼の議論の筋道は（ミルトンのように）王殺しを擁護するために用いることは出来るが、この思想は王政的制度の廃棄を体現しているという意味では、本質的に共和主義的とはいえない。パーカー自身が、自分は「熱烈に王政に入れ込んでいる」と語っている。[Parker] 1934, p. 207. 十全な共和主義は、この議論に私が考察している著者たちの二つの明確な前提が付け加えられて初めて発生した。

(66)しかしながら、このことは私が先導的な研究を持っていないことを、少しも意味するものではない。ローマの背景については、Wirszubuski 1960 and Brunt 1988.自由に関するマキアヴェッリの見解については、Colish 1971.マキアヴェッリとハリントンの見解については、ポーコックの古典的議論、Pocock 1975, esp. pp.186-8, 196-9, 392-3.シドニーについては、Scot 1988, esp. pp. 35-42; Houston 1991, esp. pp.108-22 ; Scott 1991, esp. pp. 201-28.私がとりわけ依拠している一般的な議論については、Pettit 1997,esp. pp.17-78.

(67)Pettit 1997, p. 15 は、私が考察している著者たちを「共和政的自由」の唱道者と性格づけている。しかしながら、私が注記したように、この言い方は誤解を招く。ある者は、王政的制度の拒否という厳密な意味での共和主義者であったが、他のものは彼らの自由の理論と規制された形態での王政的政府との両立を強調していた。以下の、注174、176参照。

(68)Worden 1994a, p. 46は対照的に、「共和主義がもっとも明確に自己を規定するのは徳の政治としてだ」と主張している。

(69)ローマの文献における同様の強調としては、Wirszubski 1960, pp. 4-5.対照的に、ヘンリー・パーカーの一六四二年の『考察』のような「モナルコマキ」文献では、自由国家についての議論は存在していないことに注意すること。イングランドが自由国家となることが可能か、そうなるべきかとの問題は、決して提起されていないのだ。

(70) Milton 1962, pp. 343, 472, 561；Milton 1980, pp. 420, 424, 432.

(71) Harrington 1992, p. 19. ミルトンの「自由なコモンウェルス」への繰り返される言及を参照。Milton 1980, pp. 407, 409, 421, 424, 429, 456, 458.

(72) Sidney 1990, Ⅱ.31, p. 303；cf. Ⅲ.34, p. 514.

(73) Nedham 1767, title page.

(74) Nedham 1767, pp. 4, 62, 69, 173. シドニーはネーションの身体について語るのを好んでいる。Sidney 1990, Ⅱ.19, p. 190；Ⅲ. 44, p.565.

(75) Harrington 1992, pp. 24, 273.

(76) Neville 1969, p. 82.

(77) Neville 1969, pp. 73-74.

(78) Neville 1969, p. 81,

(79) Neville 1969, p. 76.

(80) この類比は私が検討するすべての一七世紀の著者たちに存在しているが、一八世紀のコモンウェルスメンの何人かによって、いっそう平易に述べられている。たとえば、Price 1991, pp. 22, 79, 84.

(81) Machiavelli 1960, Ⅰ. 2, p. 129. マキアヴェッリは、「自己の意志決定により統御された 'governate per loro arbitrio'」ものとして、奴隷状態 servitù から自由な市民の状態 cittadi を語っている。

(82) Nedham 1767, p. 2 *et passim*.

(83) Sidney 1990, Ⅲ.16, p. 403.

(84) ジョン・ロックの『統治二論』における合意の理解との対照に留意すること。ダンが示すように、ロックはこの概念を正統な政府の起源について話すためだけに用いている。Dunn 1969, pp. 141-7. Cf. Locke 1988, esp. Ⅱ. 97-122, pp. 330-49. 私が考察している著者たちは、それぞれの法律はそれに従うであろう人々の同意によって立法化されなければならないという、よりラディカルな要請を加えている。ロックの政治的自由の理解についての、関連する問題については、Tully 1993, pp. 281-323.

(85) Nedham 1767, pp. xxⅡ, 32-3 ; cf. pp. 28-9, 114-15.

(86) Harrington 1992, pp. 22,

(87) Sidney 1990, Ⅱ. 5, p. 99.

(88) たとえば、バーリンの注意を促す見解を参照。Berlin 1958, esp. pp. 17,19, 43.

(89) Harrington 1992, p. 166.

(90) [Osborne] 1811, p.164.

(91) Sidney 1990, Ⅱ. 5, p. 104.

(92) Nedham 1767, pp. xv, 23.

(93) Milton 1962, p. 519.

(94) Sidney 1990, Ⅰ. 5. p. 17 ; cf. Ⅱ. 5, p. 99 ; Ⅲ. 31, p. 502.

(95) Harrington 1992, pp. 24 ; cf. Sidney 1990, Ⅱ. 5, pp. 102-3.

(96) More 1965, pp. 112, 122.

(97) Milton 1980, p. 458.

(98) Milton 1980, p. 459.

(99) Nedham 1767, pp. 38.

(100) Milton 1962, p. 343.

(101) Neville 1969, p. 102.

(102) Sidney 1990, II. 19, p. 189.

(103) この時点で、一歩進んだ政体的な含意が、視野に現れてくる。われわれはもしもコモンウェルスの自由が保持されうるとすれば、人民（ないしその代表者）の側に、彼らの時間とエネルギーを共同の利益〔共通善〕のために行為する意志がなければならない、といわれている。ルネッサンス文献の用語法における前提を述べれば、人民は徳 *virtù* を持たねばならない。しかし問題は、徳 *virtù* は、自然的な資質としては稀にしか出会えるものではないことである。ほとんどの人民は、共同の利益よりは自分自身の利益の追求を好む。ルネッサンス期の用語法で問題点をもう一度示すとすれば、人民は徳 *virtù* にではなく堕落 *corruzione* に向かい易いのだ。主要な政体的な含意とは、もしも市民的徳が奨励され（公的自由がそこで保持される）うるとすれば、ひとびとを強いて、自分たちの自由を保持するための必要な条件を掘り崩すという、自然だが自己破壊的な傾向から抜け出させる、そうした法律がなければならないであろう、ということである。私はこの側面の議論を究明してみた。Skinner 1981, esp. pp. 56-73, and Skinner 1983 and 1984. 共和政的な市民権の理論における市民的徳の位置については、Oldfield 1990, esp. pp. 31-77, Spitz 1995 esp. pp. 341-427. 私が考察している著者のなかで、人民は、「自由へと強制され *forcé d'être libre*」なければならないという理念のもっとも明瞭な言明は、Milton 1980, esp. p. 455.

(104) [Osborne] 1811, p. 163

(105) Nedham 1767, pp. IX-X.

(106) Milton 1980, pp. 429, 447.

(107) Harrington 1992, pp. 64-6.
(108) Harrington 1992, pp. 21-2.
(109) Harrington 1992, pp. 22, 64-6.
(110) Neville 1969, pp. 103, 192.
(111) シドニーの家庭的背景については、Scott 1988, pp. 43-58.
(112) Sidney 1990, Ⅰ. 10, p. 31 ; Ⅱ. 16, pp. 166-70 ; Ⅲ. 37, pp. 526-7.
(113) 最近の多くの論評者が（とくにRahe 1992）古代と近代の共和主義の鮮明な区別を主張している理由からだけでも、この論点を強調することは重要だと思われる。
(114) 自由と奴隷との間の対照について、以下で注目されている。Wirszubski 1960, pp. 1-3; Pocock 1977, p. 57; Worden 1994b, pp. 100-1.それにシドニーの出発点としての自由と奴隷の区別については、Houston 1991, pp. 102, 108-22. だが、この対照の重要性を持ち出すのに、誰よりも寄与したのは、ペティットに他ならない。Pettit 1997, esp. pp. 22. 31-2 私はこの分析に深く依拠している。
(115) ローマが「始源の自由」'principio libero'を享受したという主張については、Machiavelli 1960, Ⅰ. 1, p. 129.
(116) フィレンツェの「自由の起源」'origine libera'の欠如については、Machiavelli 1960, Ⅰ. 1, p. 126.
(117) 「隷属」'servitú'の状態で生きている諸都市については、Machiavelli 1960, Ⅰ. 2, p. 129.
(118) [Hall] 1700, p. 15.
(119) ミルトンによるマキアヴェッリの『リウィウス論』研究（一六五一―二年に為された）についてはArmitage 1995, p. 207 and note.

(120) Milton 1980, pp. 407, 409, 422, 448-9.

(121) Sidney 1990, I. 5, p. 17.

(122) 奴隷に関するローマの法律家の見解は、次に引用され検討されている。Garnsey 1996, esp. pp. 25-6, 64-5, 90-7.

(123) *Digest* 1985, I. 5. 3, vol. I, p. 15: 'Summa itaque de iure personarum divisio haec est, quod omnes homines aut liberi sunt aut servi'. 〔法による人の最高の区別は、すべての人が自由であるか、それとも奴隷であるかということである。〕

(124) この点は次の個所で十分に強調されている。Wirszubuski 1960, pp. 1-3, and Brunt 1988, pp. 283-4. 対比はすでに、第一巻での奴隷と自由人の異なった身分の説明において、暗黙のうちに存在する。これは第四十巻の奴隷解放の議論で明白にされた。*Digest* 1985, vol. III, pp. 421-86.

(125) *Digest* 1985, vol. I, p. 15: 'Servitus est... qua quis dominio alieno contra naturam subicitur'. 〔自然本性に反して他の主人に屈服させられている奴隷状態〕

(126) 『学説彙纂』*Digest* の第一巻では、奴隷たちが人格であることを認めているが、しかし第四十一巻（所有論）では、アリストテレスが言明しているように、彼らは単なる生きている道具に過ぎないことを明らかにしている。この二重の側面について、Garnsey 1996, pp. 25-6.

(127) プラウトゥスの喜劇では、この命題が絶えず繰り返されている。とくに、*Bacchides*, *Epidicus*, *Mostellaria*, and *Pseudolus*.

(128) 演技が開始されるとき、トラーニオーの主人は三年の間エジプトにはいなかった。Plautus 1924, lines 78-9, p. 296.

(129) *Digest* 1985, I. 6. *titulus* vol. I, p. 17: *De his qui sui vel alieni iuris sunt*. 〔法律上の能力を

もっているか、それとも他人の法の下にある人について〕

(130) *Digest* 1985, Ⅰ. 6. 3, vol. Ⅰ, p. 18 : ‘Item in potestate nostra sunt liberi nostri … quod ius proprium civium Romanorum est’. Cf. Brunt 1988, pp. 284-5. 〔同じく本来の法はローマ市民のものであるが故に……私たちの子供は私たちの権能の内にある〕

(131) *Digest* 1985, Ⅰ. 6. 1, vol. Ⅰ, p. 17 : ‘alieno iuri subiectae sunt’. 〔別の法に彼らは屈服している〕

(132) *Digest* 1985, Ⅰ. 6. 1, vol. Ⅰ, p. 18 : ‘in aliena potestate sunt’. 〔彼らは他人の権能の下にある〕

(133) Petti 1997, pp. 32, 35で適切に強調されている。

(134) *Digest* 1985, Ⅰ. 6. 2. vol. Ⅰ, p. 18.

(135) Plautus 1924, line 37, p. 292.

(136) この章句は、『学説彙纂』*Digest* における後半の奴隷制の検討全般にわたって、繰り返されている。たとえば、*Digest* 1985, 2. 9. 2, vol. Ⅰ, p. 52 ; 9. 4. 33, vol. Ⅰ, p. 303 ; 11. 1. 16, vol, Ⅰ, p. 339 ; 48. 10. 14, vol. Ⅳ, p. 825. 完全な後半の議論については、物の所有権の獲得に関する第四十一巻、とくに、41. 1. 10, vol. Ⅳ, p. 491 and 41. 1. 63, vol. Ⅳ, p. 500.

(137) これはまったく時代錯誤の主張のように見えるかもしれない。しかし、私が『学説彙纂』*Digest* から取り出している見解は、もちろん最も初期の法律家から集められた。ローマの道徳学者や歴史家が依拠しているのは、こうした共通の背景に他ならない。彼らは奴隷を、誰か他者の権力の範囲内にいる in potestate と記しているとき、とくにそうしているのである。たとえば、Seneca, *De Ira*, 3. 12. 7 in Seneca 1928-35, vol. Ⅰ, p. 286 and Seneca, *De Beneficiis*, 3. 22. 4 in Seneca 1928-35, vol. Ⅲ, p. 168. *in potestate* にある人としての奴隷については、次も参照。Livy 8. 15. 8 in Livy 1926, p. 62 and Livy 37. 34. 4. in Livy 1935, p. 388.

(138) *Digest* 1985, 11. 3. 14, vol. Ⅰ, p. 344；18. 1. 81, vol. Ⅱ, p. 526；26. 7. 57, vol. Ⅱ, p. 772；34. 1. 15, vol. Ⅲ, p. 145；46. 1. 47, vol. Ⅳ, p. 693；48. 15. 1, vol. Ⅳ, p. 834.

(139) 新約聖書によれば――ここでも繰り返しローマの道徳哲学の諸前提を利用して――、このことはわれわれ自身と神との関係の本質を記述するものである。われわれはまったく神の慈愛に依存している。「好意」という言葉が、われわれがその下で生活している権力をもつ人々の手元に、われわれが見出したいと願っている慈愛を記述する方法として、最初に広く使用されるようになったのは、欽定訳聖書のルカ伝二章一四節の翻訳に由来していると考えられる。

(140) Sallust 1931, 20. 6-7, p. 34：'postquam res publica in paucorum potentium ius atque dicionem concessit...ceteri omnes... eis obnoxii'リウィウスも同様に隷属的 *obnoxius* であることを、共同体の場合に、別の共同体の権力に従属していることに等しいと語っている。Livy 7.30.3 in Livy 1924, p. 456；Livy 37. 53. 4 in Livy 1935, p. 446.

(141) サルスティウスは、従属的な状態で生きることを、自由 *libertas* の喪失と語っている。Sallust 1931, 20. 6-7, p. 34.

(142) 'corpora obnoxia sunt et adscripta dominis'〔身体は主人により拘束され命じられている〕状態としての奴隷の身分 *servitudo* について、Seneca, *De Beneficiis*, 3. 20. 1 in Seneca 1928-35, vol. Ⅲ, p. 164.

(143) Tacitus, *The Annals*, 14. 1 in Tacitus 1914-37, vol. Ⅴ, p. 106

(144) それぞれ Tacitus, *The Annals*, 14. 40 in Tacitus 1914-37, vol. Ⅴ, p. 172および Tacitus, *The Annals*, 11, 7 in Tacitus 1914-37, vol. Ⅳ, p. 256.

(145) リウィウスにおける自由国家 *civitas libera* について、Wirszubski 1960, pp. 9-12.

(146) 最初の英語への翻訳は一六〇〇年だが、この想定される期日は、エリザベス朝の終末に向かう時期に草の根の共和主義が出現したことをめぐるコリンソンの発見から知られる。Livy 1600 and cf. Collinson 1987, esp. pp. 399-402 and Collinson 1990, esp. pp. 18-28.

(147) こうした章句については、Livy 3. 38. 9 in Livy 1922, p. 126；Livy 6. 20. 14 in Livy 1924, p. 266；Livy 6. 40. 6 in Livy 1924, p.336.

(148) Livy 2. 1. 7 in Livy 1919, p. 220；Livy 4. 24. 4-5 in Livy 1922, p. 332.

(149) Livy 2. 3. 2-4 in Livy 1919, p. 226；Livy 3. 45. 1-2 in Livy 1922, p. 146.

(150) Livy 2. 1. 1 in Livy 1919, p.218：'imperiaque legum potentiora quam hominum'.〔また法の命令は人間のそれより強い〕キケロおよびサルスティウスの同様の章句については、Wirszubuski 1960, p. 9.『オシアナ』におけるハリントンの章句の使用については、以下の行論の第二章、注39参照。

(151) Livy 1. 17. 3 in Livy 1919, p. 60；Livy 1. 46. 3 in Livy 1919, p. 160；Livy 2. 1. 1 in Livy 1919, p.218；Livy 2. 9. 2-6 in Livy 1919, p.246；Livy 2. 15. 2-3 in Livy 1919, pp. 266-8.

(152) Livy 1. 23. 9 in Livy 1919, p. 80；Livy 3. 37. 1 in Livy 1922, p. 120；Livy 3. 61. 1-3 in Livy 1922, p. 204；Livy 4. 15. 6 in Livy 1922, p. 308.

(153) Livy 5. 20. 3 in Livy 1924, p. 68, Livy 8. 19. 12 in Livy 1926, p. 76.

(154) Livy 42. 13. 12 in Livy 1938, p. 330.

(155) Livy 35. 32. 11 in Livy 1935, p. 94.'quae suis stat viribus, non ex alieno arbitrio pendet'.〔他人の意志決定からではなく、自分の力によって立つ〕資質としての自由 *libertas* について、Cf. Wirszubski 1960, p. 9.

(156) Harrington 1992, pp. 20, 30. しかし、一七世紀の奴隷制理解に関する文献の対照的な説明について、Houston 1991, pp. 108-10.

(157) Harrington 1992, p. 10.

(158) Neville 1969, pp. 81, 97, 126. シドニーの場合の対応するマキアヴェッリへの賛辞について Scott 1988, pp. 30-5. 対照的に、ヘンリー・パーカーのような一六四〇年代の「モナルコマキ」的な著者によって表現されたマキアヴェッリへの嫌悪にも注意すること。彼は「フィレンツェの悲惨な政治」を語っている。([Parker] 1934, p. 185)

(159) たとえば、Milton 1962, p. 529；Sidney 1990, Ⅱ. 27, pp. 263-70.

(160) 1863, vol. Ⅰ, pp. 110. マコーレイは明確に、このエピソードを「彼の問題にとって、彼がおそらく為し得た、もっとも愚かで致命的な一歩」と記したラーピンを想起している。Rapin 1732-3, vol. Ⅱ. p. 406, col. 2, イギリス革命の「ウィッグ」的解釈の基礎を築いたラーピンの歴史について、Forbes 1975, pp. 233-40. 意図された逮捕の詳細について、Kenyon 1966, pp. 195-6.

(161) また、次も参照；Neville 1969, p. 149.

(162) Milton 1962, p. 377.

(163) Milton 1962, pp. 377, 389

(164) Milton 1962, p. 462.

(165) Price 1991, p. 30.

(166) Price 1991, p. 45.

(167) [Osborne] 1811, p. 164；cf. Nedham 1767, pp. 28-30, 42-5, 97-9.

(168) Milton 1962, p. 458.

(169)Milton 1962, p. 410.

(170)Milton 1962, p. 409.

(171)Milton 1962, p. 579.

(172)Neville 1969, p. 128；cf. p. 110.

(173)とくに、Neville 1969, pp. 174-5.

(174)これは、たとえばシドニーとかネヴィルといった「共和主義的な」著者たちからさえも好まれた、政体上のモデルである。Sidney 1990, Ⅰ. 10, pp. 30-1, and Ⅱ. 16, pp. 166-70；cf. Neville 1969, pp. 173-95. シドニーは(Sidney 1990, Ⅱ. 19, p. 188)「国王について敬意を持たずに語ることほど、私の意図から遠いものはない」と主張しているし、他方ネヴィルは(Neville 1969, p. 141)チャールズ二世の「喜ばしい復古」を歓迎している。

(175)マキアヴェッリは(Machiavelli 1960, Ⅰ. 2, p. 129), 'governate per loro arbitrio o come republiche o come principato'〔共和制の下であれ、国王の下であれ自分自身の意志決定によって治める〕共同体を語っている。その検討について、Colish 1971 and Skinner 1983.

(176)私はここで強調したいのだが、こうした態度こそ、私が考察している自由の理論を特殊に共和主義的なものと記述することを不適当にするのである。しかしながら、厳密な意味での共和主義と私が考察している特殊な自由の理論との間には、密接な連結が存在している。この点については、以下の注177を見よ。

(177)（たとえば、ジョン・ロックのように）王政の制度に反対するという意味で厳密に共和主義者になることなしに、私が考察している自由の理論を支持する政治的な著者はいるものの、結果としては、私が考察している時期では共和主義者を自認しているものはすべて、私が考察している自由の理論を支持し、彼らの王政の放棄を強化するために用いている事情は、残る。

(178) [Hall] 1700,pp. 3, 15.
(179) [Osborne] 1811, pp. 162, 164, 165.
(180) [Hall] 1700, p. 3.
(181) [Osborne] 1811, p. 165, 167.
(182) [Osborne] 1811, p. 165.
(183) [Osborne] 1811, p. 164.
(184) [Osborne] 1811, p. 173.
(185) [Hall] 1700, p. 3.
(186) [Hall] 1700, pp. 5, 14 ; [Osborne] 1811, pp. 168, 169, 170, 175.

第二章　自由国家と個人的自由

I

自由国家のネオ・ローマ理論は、近代初頭の英国で非常に破壊的なイデオロギーとなりました。私が考察してきた理論家たちが従事した戦略は、自由という至高の道徳的価値を自分のものとし、それをもっぱら特定のややラディカルな代議制的統治の形態に限定して適用することでした。このことは結果として彼らに、数多くの政府に奴隷制という屈辱的な名前の烙印を押すことを許しました。そこには、フランスのアンシャン・レジームとか北アメリカのイギリス人統治も含まれていましたが、これらは広く正統性をもち進歩的とさえ見なされていたのです。したがって、私が検討を加えている時期を通して、ネオ・ローマ理論がひどく敵意を込めた批判の一斉射撃に絶えず晒されたことを知っても、驚くに値しません。

そうした批判の中でもっとも包括的なものは、ホッブズの『リヴァイアサン』のなかで、おそらくもっとも影響力のある形で表現されています。自由国家の設立と個人的な自由の維持の間に、何らかの関係があると想定するのは、まったくの混同である、とホッブズは主張します。ローマの著者たちと近代の彼らの賞賛者たちが同様に記述する自由とは、「特定の人々の自由ではなく」、単に「コモンウェルスの自由」なのです(1)。

ホッブズの反対論は直ちに、フィルマーによって取り上げられ[2]、それ以来繰り返されています[3]。私が考察している著者たちは、都市国家の自由に関心を示していたのであって、個々の市民の自由ではない、と告げられています[4]。しかし、この主張はネオ・ローマ的自由の理論の構造に正面から取り組むことに失敗しています。こうした著者たちが自由国家の理念を出発点としたことは真実ですが、彼らがそうした理由の一部は、彼らが前進させたいと願った個人的な自由の観念に関するラディカルな命題があったからなのです。彼らの命題とは――出来るだけ直截にいえば――自由国家のなかで自由であることが、はじめて可能だということです。

このことが、自由国家の市民として生きたいという願望に対して、元々提出された主要な理由でなかったことは真実です。むしろ、私たちはこの時点で、私が説明してきた思想的伝統の内部にある、重要な意見の分裂に注意を向ける必要があります。古代ローマの著者たちそれにルネッサンス期のその弟子たちによれば、自由国家 *civitas libera* に生きることとの最も重要な利益は、そうした共同体が栄光と偉大さを獲得するのに、とくによく適合していることでした。古代の著者たちのなかでも、サルスティウスが絶えずこの論点に関する確実な権威として呼び起こされています[5]。サルスティウスの『カティリーナ戦記』はローマの興隆史の概説から始めていますが、そこからわれわれは「最初は自由を保持し国家を増進させるよう設けられた国王の権威は、尊大と暴政へと崩壊していった[6]」ことを知るのです。この危機に直面して、ローマの人民は国王に代えて、一年交代の政務官の制度を置きました。その後、「ひとたび自由の身分を獲得した都市国家が、いかに速やかに、前進と拡大とを続けたのかを思い起こせば、信じがたいものがある」(7)。サルスティウスの説明では、その理由は「国王たちにとっては、善良な市民は邪悪な市民よりも、より多く疑念の対象となるし、他者の徳 *virtus* はいつも、警戒すべきものと映る」が、これに対して自由な統治制度では、すべての人は他者に脅威と映ることをまったく怖れず、栄光のために精励するからなのです(8)。

サルスティウスの所感は、マキアヴェッリによって『リウィウス論』第二巻の冒頭で、同じように繰り返されています(9)。「国王から自らを解放することに成功した後、ローマがどれほどの偉大さを獲得したことか、これを考慮することは、何よりもっとも驚愕すべき事柄である」。マキアヴェッリは続けてこう言います。「その理由を理解することは簡単である。都市国家を偉大にするものは、個々の利益ではなく、共同の利益《コモングッド》〔共通善〕の追求なのだ。共同の利益は共和国以外では、決して考慮されないのは、疑いの余地がない。君主がいる場合には正反対のことが起こる。というのはほとんどの場合、君主の利益となることは、都市国家にとっては不愉快であり、都市国家の利益となることは、君主には不愉快となる」(10)。

同じ所感は、今度は一六五〇年代のイングランドで、多くのネオ・ローマ派の著者たちによって繰り返されました。ハリントンの「拡大可能な」コモンウェルスの理想は、明らかにサルスティウスの議論を思わせるものがありますし、[11] 他方ニーダムは『自由国家の優越』の序論で、読者に対し共和政的な栄光と偉大を語る二人の先導的な権威を、直接参照するよう求めています。第一に彼はわれわれに次のことを想起させます。「ローマが自由を獲得したのち、短期間にローマ共和国がいかに急激に拡大したかが語られているが、信じがたいことである（こうサルスティウスはいう）」、と。[12] 次に彼はマキアヴェッリが、王政よりも共和政の方が、栄光の頂点を極めるのに適している理由を説明した、決定的な語句をこう展開しています。

「ローマ人たちは国王と国王の統治を追放した後に、あらゆる想像を超えた高みにまで到達した。こうした事柄は特別な理由なしに生起したのではない。自由国家においては、その法令では特定の利益よりも公共の利益をより配慮しているのが通例だが、王政ではそれは逆になる。その理由は王政では君主の欲求が共同の利益《コモングッド》〔共通善〕を考慮することを軽視するからである。だから、ネーションは自由を喪失し、単一の暴君の軛の下に身を落すや否や、直ちに以前の光輝を失う」。[13]

ニーダムは『リウィウス論』に全く言及しないにもかかわらず、彼がマキアヴェッリから借用していることは、彼の議論のこの場合にもっとも明瞭に現れています。

しかしながら、彼らがこのように古典への傾倒を表明しているにも関らず、われわれはまた、ニーダムとその同時代人のあいだで、栄光を是認する倫理と市民的偉大さの追求に対して、懐疑が膨らんでいるのに遭遇することになります。この時点で彼らが依拠する主要な権威は、再び『カティリーナ戦記』におけるサルスティウスです。国王を追放した後のローマの「拡大」を賞賛するにも関らず、サルスティウスがローマ共和国史概説から引き出す教訓は、そこで当然予期されるものより、ずっと憂鬱で皮肉なものです。偉大さと共に、ローマの指導者のあいだに野心と権力への欲望が現れてきたと、サルスティウスは歎いています。増大する権力と共に、貪欲と戦勝による、より多くの略奪物への飽くことのない要求が現れました。その物語の悪役は、ルーキウス・スッラだといわれています。彼は危険なほど膨大な軍隊を編成して、アジア的な贅沢品への欲望を教唆し、さらにその軍隊を用いてローマ国家の支配を掌握し、「そこですべての物を素晴らしい開始から酷い結末へと至らせた」[14]のです。

英国の大空位期の下、ネオ・ローマ派の著者たちの間では、オリバー・クロムウェルをサルスティウスの描くスッラの肖像と同一視することが、とくにクロムウェルがスコットランドとアイルランドを征服し、一六五三年に力を行使して残部議会を解散させて以後は、不穏なまでに容易になりました[15]。ハリントンは、スッラが「ローマの人民と共和国《コモンウェルス》を打倒し」、「その後の王政の基礎を据えた」ことを読者に想起させたとき、はっきりとした警告の調子を響かせました[16]。国外での栄光の追求が、国内での自由の崩壊を導く可能性があるという懸念の増大は、ハリントンとその仲間をクロムウェル護国卿制への猛烈な批判者に変えましたし、同時に彼らが共和政的体制の特別な長所を、違った形で考えるように仕向けました。自由国家が栄光と偉大さを獲得する能力を持つことを吹聴するよりも、彼らは主たる強調点を、その体制がその市民たちの自由を確保し推進する能力を持つことに置き始めるのです。[17]

このことは古代およびルネッサンス期の文献では、いつも副次的な主題でした。[18]「自由国家に生きていることの共通の利益は、あなたがたの所有物を自由に恐怖なしに享受できることだ」[19]と、マキアヴェッリは立証しています。これに彼はサルスティウス的な調子で、自由に生きている国がいつも巨大な獲得物を得る理由は、「すべての者が自分たちは奴隷ではなく自由の状態に生まれたことを知るだけでなく、彼らがそれぞれの徳 *virtù* を手段として、卓越した地位に上昇できることを知っている」[20]からだ、と付け加えています。まさしくこの主張を、イングランド共和政期のネオ・ローマ派の著者たちは、彼らの自由国家の構想にとって中心的なものと考えました。ハリントンは『オシアナ』の冒頭で、そうした共同体の特別の価値は、その法律が「すべての私人によって、すべての私人の自由を保護するように作成され、その自由はそうした手段によってコモンウェルスの自由となる」[21]事実から引き出される、と言明しています。ニーダムは『自由国家の優越』でさらに幅広く語り、イングランドの人民が共和政支持を判断した理由は、それが「もっともよく人民の自主と自由を確保するであろう」と認識したからだ、と主張しています[22]。後に彼は、「自由国家が高位貴族や国王による政府よりも、ずっと優れている」と確信する彼自身の主要な理由は、そうした国家がもっともよく「人民に諸権利を確実に享受させ、人民の利益と安楽」を与えるからだと、確言しています[23]。ミルトンは同じ考えを再度確認し繰り返しながら、『要諦』を終えています。宗教的自由に加えて、「われわれの自由のその他の部分は、すべての人が市民的権利を持ち向上することにある」。「自由なコモンウェルス以上に、そうした享受がいっそう確実であり、それらへの接近がいっそう開放的であるところは決してない」、これは疑いないのです[24]。

こうした著者たちが支持する主要な結論はこうして、もしも自由国家の市民として生きるのであれば、市民的自由を完全に享受することがはじめて可能となるというものです。しかしながら、ホッブズがわれわれに想起させるように、このことは自明の推論とはほど遠く、表面的には言葉の上での手品のように見えるのです。従ってわれわれは次に、ネオ・ローマ派の著者たちがその結論を支持するために、どんな証拠を持ち出したのか、またホッブズがしばしば繰り返す非難に、彼らがどのように防戦したのかを考察する必要があります。

彼らの議論を辿るには、彼らがいう政治的団体《ボディ》と自然的身体との類比に立ち戻って、始める必要があります。あなたが自由を持つか失うということで意味する事柄は、個々の市民の場合でも、自由なコモンウェルスあるいは国家の場合でも、同一に違いないと彼らは想定しています。このことから彼らは、共同体にとってと同じく個人にとっても、自由が失われ掘り崩され得る場合、いつも二つの別個の経路が見られるであろうと、議論するように導かれます。まず第一に、もしも国家（あるいは同胞市民）の権力が、力づくか強制的にか、あなたに法律が指示もしていない、あるいは禁止もしていない何らかの行為を、遂行する（あるいは遂行することを控える）ように使用されるとすれば、あなたの自由はもちろん剥奪されるでしょう。もっとも明白な事例をあげれば、政治権力が暴君的支配者の手にあり、暴君が権力を用いてあなたの生命、自由、財産を脅かし干渉するなら、あなたの市民としての自由は、その分掘り崩されるでしょう。これが、一六三五年のジョン・ハムデンによる船舶税支払いの拒否が、この著者たちによってイングランドの内乱の勃発に対して提出された説明のなかで、大きな位置を占めている理由なのです[25]。ミルトンが『偶像破壊者』でこのエピソードを解釈しているように、平和時に議会の同意なしに税を徴収することは、国王が力ずくで人民の所有物を没収することを意味しています。いやこのことは、国王が臣民からそのもっとも基本的な市民的自由の一つを奪うために、法律の強制力を利用していることを意味しています。したがって、これはまさしく暴君的政府が臣民を奴隷化する行為と見なされる、こうミルトンは結論づけています[26]。

しかしながら、ネオ・ローマ派の著者たちが特に主張した命題とは、市民的自由を喪失するのに、決してこの種の公然たる強制力を蒙る必要はないということです。もしあなたが政治的な服従ないし依存の状態に陥り、そこであなた自身を、あなたの生命、自由、財産が政府によって奪われる危険に直面させるだけであっても、あなたはその場合も不自由にされるでしょう。[27] すなわち、もしあなたが、法律の外側で特権的ないしは裁量的権力の行使を許容するある形態の政府の下で生きるとすれば、あなたはすでに奴隷として生きることでしょう。あなたの支配者たちは、そうした権力を行使しないことを好むかも知れませんし、あるいはあなたの個人的自由を全く尊重した上で初めて行使するかも知れません。したがって、実際にはあなたは広範囲な市民的権利を享受し続けるかも知れません。しかしながら、支配者がそうした恣意的な権力を持っているまさにその事実は、あなたの市民的自由の継続的な享受が、すべての時点で支配者の好意に依存した状態にあることを意味します。少なくとも、あなたはいつでもあなたの行為の権利を削減され取り上げられ易く、そうされて当然な状態にあるのです。彼らがすでに説明しているように、このことは隷属の状態に生きていることに等しいのです。

こうした扇動的な主張は、イングランドの共和国《コモンウェルス》を擁護する群小の著者たちによって、完全な確信を持って——おそらく前とおなじくただ粗雑な形で——提唱されています。ジョン・ホールは、もしも支配者がすべての者が服する絶対的権力を持つのであれば、これはすでに「私のまさに自然の自由が、私から取り去られている」ことを意味すると、断言しています。[28] 同様にフランシス・オズボーンも、もしもあなたが、臣民として自由と幸福を、「他者の意向次第で」保持しているならば、あなたはすでに隷属の状態で生きていると主張しています[29]。マーチモント・ニーダムは「すべての者の権利」が「他者の意志の下に置かれている」ような恣意的な権力の体制はすべて、すでに「まったくの暴政」でかつ奴隷状態と分類できる、と同意しています[30]。

このことは、ネオ・ローマ派の主導的な理論家たちが、この中心的な原則についていくぶん確信の度が低かったことを意味しているわけではありません。われわれはアルジェノン・シドニーの『統治論』の冒頭で、それが可能な限りもっとも明瞭な言葉で再確認されていることを見出します。そこで彼は、彼のいう「自由の共通の思念」を検討することから始めています。

「というのは、自由とはもっぱら他者の意志から独立していることにあり、奴隷という名称で、われわれは自分の身体も財産も処分することが出来ず、すべてを主人の意志次第で享受する人間と理解している。だから、君主の好意——君主はこれをいつでも好きなように取り消すことができる——がなければ、享受するものに何の権利も持たない人民やネーションが奴隷でないとすれば、本質上奴隷といったものはまったく存在しないことになる[31]」。

シドニーが明瞭にしているように、あなたの自由を取り去り奴隷の状態に落すのは、あなたが難なく恣意的な強制力に服する単なる可能性であって、あなたが強いられている事実ではないのです。[32]

一七三〇年代にボリングブルック卿が、ロバート・ウォルポール卿の政府を非難する手段として、この議論を『政党論』の中で復興させたとき、彼は主に、傲慢な政府首脳が代議制議会の議員を、共同の利益《コモングッド》〔共通善〕に奉仕する彼らの義務を浸食するようなやり方で、投票し行動するように誘導する可能性を問題としました。[33] これとは対照的に、一七世紀の著者たちの不安は、主として国王大権の亡霊、とくに個々の臣民の自由に持続的に脅威を与えると考えられる国王の裁量的な権力の一部に集中しました。これが、ネオ・ローマ派によるイングランドの内乱の説明において、一般に破局へと至る最後の一線と考えられた争点が、チャールズ一世の主張、すなわち、民兵を指揮する権利は彼のみに委ねられ、議会にはないという主張である理由なのです。[34] チャールズのこの論点に関する致命的な頑固さは、ミルトンに『偶像破壊者』のなかで、もう一つの偉大な場面を書く機会を与えました。

「民兵の独占的権力についていえば、……彼にそれだけを与えるとしても、彼に一括してわれわれの法と自由を与えることと同じだ。というのは、軍事的な権力が、最高の法廷に本来置おかれた法の権力から分離され、そこには従属せず別の場所にあるとすれば、そのとき軍事的な権力は、すみやかに法の主人となり、そして一人の人物の自由になり、気の向くままに法を支配することになり、軍事力を持つ暴君へのささやかな抵抗であった『マグナカルタ』を嘲り、絶対にわれわれを奴隷にするだろう」[35]。

ミルトンの非難は、ネオ・ローマ派の著者たちがアメリカ革命の時代とそれ以後に遺した基本的な原則の一つを、すでにはっきりと述べています。つまり常備軍の維持はいつも市民的自由の保持とは矛盾することを証明する、という原則です[36]。

そこから次のことが帰結するといわれます。すなわち、もしもあなたがあなたの自由を保持したいのであれば、あなたは裁量的権力の要素のない、従ってあなたの市民的権利が一人の支配者、支配的集団、あるいは国家の何らかの代行者、それらの好意に依存する可能性がない、そうした政治制度のもとで生きることを、確実なものとしなければならない、と[37]。別の言葉で言えば、あなたは法律を作る唯一の権力が人民もしくは人民の信任する代表者と共にある制度、また、統治体の個々の成員すべてが――支配者も市民も同様に――彼らが自分自身に課することを選んだどんな法律にも平等に服する制度の下で生きなければならないのです[38]。もしも、あなたがそうした自治的制度の下で生きるのであれば、またその場合にのみ、あなたの支配者たちは強制を伴う裁量的権力をすべて剥奪され、その結果あなたとあなたの同胞市民を支配者の好意に依存する状態、従って奴隷の身分へと引き落とす、暴君的な能力をすべて剥奪されるでしょう。

これは、ハリントンが――リウィウスを翻訳して――「法律の帝国であって、人の帝国ではない」[39]と記述する制度であり、またミルトンがチャールズ一世を裁判にかける決定を擁護した際、『国王と為政者の在任権』の中で堂々と賞賛した制度なのです。

「われわれのように、自由なネーションであることを誇るものが、自分自身の内に、緊急の理由に基づき政府それ自身とともに、最高のあるいは下位の統治者を解任するか、もしくは廃止する権力を持たないものは、確かに子供だましのバカげた偽りの自由で、幻想的に満足するとしても、実際には暴君と隷属の下にあるのだ。というのはその場合、すべての自由の根源であり源泉である権力、すなわち神が与えた土地で、自分自身の住居と自由な相続を持つ家長として、事物を処理し効率的に運営する権力が欠けているのだ。自由なネーションが持つそうした自然な本質的権力がなければ、彼らはいくら頭を高くもたげていようが適切な評価では奴隷であり、他の世襲領主の地位と占有に従う、生まれながらの家臣に他ならない。彼らの政府は、不法でもなく耐え難くもなくとも、彼らの上に自由な政府としてではなく、領主の鞭として覆い被さっており、それゆえ廃棄されるべきだ[40]」。

個々の市民の立場からみれば、選択肢ははっきりしています。もしもあなたが自治の制度の下に生きていないのであれば、あなたは奴隷として生きることになるでしょう。[41]

こうした議論によって、ネオ・ローマ派の著者たちは自由国家においてのみ自由でありうるという趣旨の基本的主張に、「結び QED」と書くことができると感じました。彼らはすでに自由国家を、法律が人民全体の意志によって作られる国家と定義しました。しかし、彼らはいまや、あなたがまさにそうした国家の臣民として生きるのであれば、人身的な隷属から自由であることを初めて望むことができると説明しました。ハリントンは『オシアナ』の予備的考察で、その教訓を賞賛すべき簡潔さで描き出します。もし、すべてのものが法律を作成する上で平等なままであるならば、その場合にのみ、「コモンウェルスのみならずすべての者の自由」を確実にすることができるであろう。というのは、もし、われわれがそうした状態の下で生きるのなら、その場合にのみ、法律は「すべての私人によって、すべての私人の自由を保護する以外の目的には向かわずに作成されるでしょう（向かうとすれば自業自得だ）」[42]。

ホッブズが公的自由と個人的自由の間のなんらかの関連を知ることが出来なかった（おそらく拒否した）ことは、疑いなく影響力がありましたが、しかしネオ・ローマ派の著者たちの批判者のほとんどは、そうした関連を確立する願望が彼らの議論の中心にあると認めていました。しかしながら、そうした批判者のなかで、私が検討を加えてきたイデオロギーのもっとも基本的な主張と考えられるものに、さらに進んだ二つの反対論が通例として提起されました。すなわち、もしもあなたが代議制的政府の下で活動的市民として生きるのであれば、人身の隷属から逃れることがはじめて可能となるという主張への反対論です。

数多くの批判者たちはその主張が実際に首尾一貫していないことはないとしても、統治に参与する平等な権利が市民的自由の維持に不可欠であるという示唆は、あまりに空想的でわれわれが生きる政治世界には重要性を持たないと主張しました。この反対論はアメリカ革命とフランス革命の時期に徹底的に議論されましたが、ウィリアム・ペイリーは一七八五年の『道徳および政治哲学の原理』で、古典的な自由主義的立場のおそらく最も影響力のある代弁者として登場しています。[43] ペイリーが威嚇的な調子で力説するように、「経験上達成できないものを市民的自由にとって本質的なものとすることにより、決して充足されない期待を掻き立て、公衆の満足を不平の種で妨害する、そうした自由の定義は拒否されるべきである」[44]。ペイリーの警告は、彼の『原理』が一九世紀を通じて政治理論を教える指導的な教科書となった事実を考慮するとき、さらに重要性を加えることになります[45]。

私はペイリーの批判に立ち向かおうとはしませんが[46]、ただ私は、ユートピア主義という告発が必然的にある政治理論への反対論となると考えられるが、そうなる理由はまったく理解しがたいことを述べておきます。道徳および政治理論が持つ正当な願望の一つは、確かに、われわれが受入れると公言した諸価値による企てのために、どのような一連の行為が求められているかを、われわれに教えることです[47]。もしも、われわれが真に個人的自由を評価するのであれば、それは政治的平等を実質的な理想として確立することをわれわれに求めますが、これを示唆するのはひどく迷惑なことかも知れません。しかしながら、もしもそれが真実なら、その洞察がわれわれに提示するのは、実践において不当な要求をするわれわれの原則の批判ではなく、むしろわれわれの原則を不十分にしか留意していない、われわれの実践の批判なのです。

しかしながら、私は私が展開してきた理論に向けられた、他のもっと致命的な反対論と普通いわれているものに集中したいと思います。数多くの著名な批判者によれば、自由国家において自由に生きることが初めて可能となる、この主張の基礎にある自由の観念の分析は、それ自身誤解を招くもので混乱しているのです。この反対論を提起した人々は、一般に二波に渡って攻撃を仕掛けています。第一に彼らは、あなた個人の自由の程度は、あなたの能力の範囲内での行為の遂行が、物理的にもしくは法的に強制されているか否か、その程度に依存しているという、ホッブズ的な原則を再確認します。たとえば、ペイリーがいうように、「現実の自由の程度は」いつも、あなたが選んだ目的を追求するあなたの能力に課せられる「制限の数と厳格さに逆比例の関係」に立つでしょう[48]。しかし、ネオ・ローマ派の理論家たちは、ペイリーによれば、こうした状況を語っていません。彼らは、そうした行為の遂行が強制されるかも知れない、起こり得る危険から自由であるのか否か、その程度のことを語っています[49]。しかし、続けてペイリーがいうには、これは自由の理念をまったく違った価値、すなわち自由の保障と権利の行使を享受する理念と混同することなのです。だから、ネオ・ローマ派の著者たちは、「自由それ自身というより、自由の保護手段と維持について記述している。たとえば、彼が同意をあたえた法の他、いかなる法によっても統治されない人間の状態は──それが実現可能として──そのことが彼の私的な意志に恣意的で過剰な制限を課する法の命令に対して、確かな保障を与えるという理由以外には、市民的自由の享受にとって必要なわけではない[50]」。

それから直ちに第二波の攻撃が続きます。この混乱が明るみに出されるや否や、われわれはネオ・ローマ派の理論家たちによってなされた、あなたは自由国家で初めて自由でありうるという趣旨の基本的主張が、端的にいって間違いであることを知ります。あなたの市民としての自由の程度は、能力を自由に行使することが、法の強制装置によって強制されていない、その程度に依存しています。しかしこのことは、市民的自由にとって重要なのは、だれが法を作るかではなく、端的にどれだけ多くの法が作られたのか、それで事実上あなたの行為がどれだけ多く強制されているかであることを意味します。このことは次に、個人的な自由の保持と特定形態の政府の維持との間に、必然的な関係はないことを示唆します。ペイリーが結論付けているように、原則上は「絶対的形態の政府」があなたを、「もっとも純粋な民主政と同じように自由に」することはない、という理由はないのです。[51]

この反対論は不自然なものではないように思われます。現代の政治哲学者のなかでもっとも強力なネオ・ローマ理論の擁護者、フィリップ・ペティットでさえも、その点は認めようと心が傾きました。[52] しかしながら私には、ペイリーの方向での批判はネオ・ローマ派の理論家たちが市民的自由の概念について苦労して作り上げた、もっとも基本的で独特な主張を認めていないように思われます。その主張は私がすでに提出した分析のなかに暗黙のうちに含まれていますが、いまそれをはっきり説明するときがきました。

ネオ・ローマ派の著者たちは、次のことは完全に受け入れています。あなたの市民としての自由の程度は、あなたが選んだ目的を追求する上で、自由に行為することが強制されているのか否か、その程度によって測られる、と。彼らは、後にジェレミー・ベンサムが定式化した次のような自由主義の教義に異議はないのです。すなわち、自由の概念はその存在がいつも何物かが欠如していること、とくにある程度の抑制ないし強制の欠如によって特徴づけられるという意味で、「単に消極的なもの」であることに異議はないのです[53]。彼らはまた力の行使あるいはその威圧的脅迫が、個人的自由に干渉する強制の形態の中に列挙されなければならないことも、否定しようは全然考えていません[54]。最近の数多くの注解者が暗示しているにも関わらず、彼らがもうひとつ別の不自由の説明——それによれば、不自由は威圧の所産ではなく、単に依存の所産であると考えられる——を提唱することを望んでいたに過ぎない、というのでも全くありません[55]。

　では、何が、ネオ・ローマ派の自由の理解を、自由主義的なそれから区別するのでしょうか。ネオ・ローマ派の著者たちが先駆的に *avant la lettre* 拒絶したものは、強制力ないしその威圧的な脅迫が、個人的自由に干渉する強制の唯一の形態であるという趣旨の、古典的な自由主義の基本的前提なのです[56]。これとは対照的に、ネオ・ローマ派の著者たちは、依存の状態で生きることが、それ自身強制の源泉であり形態だと主張します。あなたがそうした状態で生きていることを認めるや否や、そのことはそれ自身あなたに数多くの市民的権利の行使を控えるよう促すでしょう。ペイリーには失礼ながら、彼らがそうした状態に生きることは、単に自由の保障だけでなく自由それ自身が減少を蒙ることだと主張する理由が、ここにあります[57]。

簡潔にいえば、論点は〔論争の〕基礎にある強制の観念をどう解釈するかにあります。[58] 私が考察してきた著者たちの間で、問題は、『リヴァイアサン』でネオ・ローマ理論に向けたホッブズの風刺的評言に対するハリントンの応答のなかで、もっとも挑戦的な形で浮上しました。[59] ホッブズはルッカの自治的共和国と、市民たちが心に抱くいわゆる自由な生き方に関する幻想とを軽蔑しながら語ります。彼らは「この時ルッカの都市の小塔に大文字で、自由LIBERTASという言葉を」[60] 書いた、と彼は言います。しかし彼らは、普通の市民として、コンスタンティノープルのサルタンの下で持ったであろう自由より多くの自由を持つと考える根拠は全然ない。というのは、彼らは個人的自由にとって重要なのは、法の源泉ではなくその程度であり、従って「コモンウェルスが王政であれ民主政であれ、自由はそれでも同一である」[61] ことを理解できていないのです。

ハリントンはそれは偽りだと直接的に反駁しています。[62] もしもあなたがサルタンの臣民であれば、あなたはルッカの市民よりは自由が少ないでしょう。その理由は簡単で、コンスタンティノープルでのあなたの自由は、その程度がいくら大きくとも、全面的にサルタンの好意に依存した状態にあるだろうから。だがこのことは、あなたがコンスタンティノープルでは、ルッカの最も貧弱な市民すら知ることのない強制の形態に晒されることを意味します。あなたは次のことを熟考すれば、あなたが発言し得ること行為し得ることにおいて、あなた自身強制されていることを知るのです。すなわちハリントンが冷厳に表現するように、コンスタンティノープルでは最大の軍司令官《パシャ》でさえも、単に支配者の借地人に過ぎず、サルタンの怒りを招くような仕方で話したり行為したりするや否や、容易にその地位を失って当然なのです[63]。別言すれば、法とサルタンの意志が一つで同じというまさにその事実が、あなたの自由を限定する効果を持ちます。コモンウェルスが王政であるか民主政であるかで、自由はやはり同じではないのです。

アルジェノン・シドニーは、その『統治論』で自然法を議論する際に、さらに一層力をこめて決定的な推論を引き出しています。「自由は単に誰れの意志にも服さないということにのみあるのだから、他人の意志への依存こそが奴隷を意味する。もしも王国に君主の意志の他に何の法律もないのであれば、自由といったものはない」。「国王と暴君は、臣民の土地と自由と財産と生命とを維持するように義務づけられていると語り、だが、法は彼らの意思の表明にすぎないことを根拠とする」ものは、誰であれ「空虚な言葉で世間を欺こうとしている[64]」。

彼らの議論を例証する上で、ネオ・ローマ派の著者たちは一般に、彼らが完全に古典的な意味で市民の称号にとりわけ相応しいと考える人々の境遇に焦点を集めています。すなわち彼らは、近代ヨーロッパの支配者や政府に助言者や顧問として活躍し、公務に専心した人々に焦点を合わせるのです。こうした市民たちが行使可能でなければならない特別の自由とは、とりわけ、良心が共同の利益《コモングッド》〔共通善〕の名で命じる通りに、話しかつ行為する自由です。彼らの市民的自由のこうした局面がなんらかの形で制限されるか除去されるならば、彼らは有徳な市民として最高の義務、国家にとって最大の利益となると確信する政策を推進する義務、この遂行が妨げられるでしょう。

このことが、イギリス史のウイッグ的理解においていつも、トマス・モア卿と一五二三年に彼が庶民院議長として言論の自由のために提出した請願に、特別な地位が与えられている理由なのです。[65] 彼はヘンリー八世にこう想起させようとします。「陛下の議会において、陛下の王国と王領地に関する重大かつ重要な事柄以外、何も取り扱われることはない」。そうでありますから、もしも議会の成員が「陛下の恐るべき不興を蒙る懸念を持たずに、自由に」、「良心に従い、われわれの間で起こるあらゆることで大胆に助言を表明する」ように、話しかつ行為することが禁じられていると感じるのであれば、「陛下の思慮深い庶民院議員の多くのものをして、必ずや助言と忠告を語るの止めさせ、沈黙を守らせることになり、通常の職務への大きな障害となります」。[66]

しかしながら、モア自身は一五一六年の『ユートピア』ですでに、近頃の政府の職務では、この決定的な自由を行使できる可能性はないと主張していました。彼がこう考える理由は、ユートピア島への旅行者、ラファエル・ヒスロディの発言の中に挿入されています。一つの問題は、たとえあなたが公正で名誉ある政策のためにあなたの考えを述べる勇気があるとしても、あなたの助言に少しでも注意を払う支配者は殆どいないであろうことなのです。支配者たちは一般に、たとえそれが国の破滅を招こうとも、彼らの征服と栄光の夢を追求することを好むでしょう。[67] しかし、主要な困難は、廷臣や顧問たちすべてが生きかつ働くことを余儀なくされている、奴隷的な依存の状態から発生しています。彼らは共同の利益《コモングッド》〔共通善〕のために話しかつ行為する望みを持つことはできません。それは彼らが自分自身「君主の最大の愛顧を享受する人々が言うことは何であれ、その発言がいかに馬鹿げたことでも、支持しなければならない」ことを知り、「同時に寄食者の役割を演じなければならず、お世辞を駆使して寵臣を喜ばせるのに専心する」(68)のを自覚しているからです。そうした屈辱的状態の下で行為した結果として、「国王への奉仕〔servias〕と隷属〔in servias〕とのあいだには、一音節の違いしかない」(69)とヒスロディは結論づけています。

モアの態度はエリザベス期およびジェームズ一世期の文学の中で、幅広い反響を呼び起こしました。君主の宮廷は党派争いとお世辞、(70)虚偽と密偵の中心であり、(71)共同の利益《コモングッド》〔共通善〕に奉仕しようとする人々の熱意には実際に敵対的なのです。この同じ時期にタキトゥスの人気が増大していますが、このことは古代のすべての道徳学者のなかで彼が、国の政治を君主の宮廷に集中させることの破壊的な含意を、もっともよく理解していたという常識を反映しています。すべてのものが支配者の愛顧に依存し、その支配者のご機嫌取りに必要なお世辞の方法を磨かなければならないのなら、だれも権力者に真実を語りたいとは思えないのです。(72)

同様の攻撃がもう一度展開されたのは、一六六〇年にチャールズ二世の王政復古が、それと共に著しく放埒な振る舞いと増大する暴君的傾向をもつ（と怖れられた）宮廷を持ち込んだ後の時期でした。アルジェノン・シドニーは、当時の君主たちへの助言者や大臣として出世しようとする人々に見られた典型的腐敗を、ピューリタン風に軽蔑して語っています。そうした支配者たちは、「彼らが気ままに行為するのを許されないときには、不当に扱われ体面を傷付けられたと考える」、また「彼らは法によって簡単には抑制されない権力に近づけば近づくほど、いっそう熱心に権力に反対するすべてを撲滅したいと思う」[73]。彼らが専制君主的な傾向を発展させればさせるほど、その分その顧問たちは奴隷の状態へと転落する。顧問たちは「君主の権力の下」にあり、「君主の意志に依存することを」強いられ、報酬とか昇進は言うに及ばす、単なる生存すら完全に君主の掌中にあることに気づくのです[74]。

もちろん、そうした体制のもとで繁栄することも可能なのです。もっとも、シドニーが何度も繰り返す主要な主張は、単に最悪の者だけがそうした状況で公的奉仕の生活を送ろうとするだろうということなのですが。しかし、シドニーはまた、すべての者がそうした形態の政府の下で経験させられる、極端に不安定な生活をも強調しています。彼はその点を、ローマ帝国の腐敗の増大に関するタキトゥス的な検討という方法で説明していますが、しかし彼の言い回しは同時に、トルコ人支配下の生活に関するハリントンの議論をはっきりと想起させています。

「統治者の意志が法として通用し、権力が通常もっとも大胆で暴力的な人々の手に移っていたような場合、誰であれ自己の人身と財産のために持ちうる最大の保障は、統治者の気分に依存していた。また、君主自身がよかれあしかれ、狂暴で腐敗した兵士が君主に与えるであろう期間だけ生き延びたのである」[75]。

そうした体制の下で生きる結果は、シドニーが絶対的統治と民衆的統治のあいだの相違に関する章で強調しているように、誰もが絶えず暴君の不興を招く恐怖と危険のなかで生きていることなのです。「彼の激怒の影響を回避する」[76]ことがすべての者の主要な関心事となるのです。

シドニーの主要な結論は、もしもあなたがそうした依存の状態で生きるのであれば、このことはそれ自身、あなたが顧問あるいは大臣として話しかつ行為することを制限するように作用するというものです。あなたはまず第一に、感情を害しかねない事を言ったり行ったりしないように強いられるでしょう。誰も自分に架せられた「軛をあえて打ち破ろう」とはしないでしょうし、「自由の回復のための高潔な計画において相互に信頼する」こともないでしょう[77]。あなたはまた数多くのお世辞と追従的やり方で行為するように仕向けられ、「廷臣の主要な技芸」とは、「自分を卑屈にし」[78]「従順になる」[79]ことだと認識しなければならないでしょう。シドニーは公共的利益〔公共善〕に関する章で、あらゆる昇進が「もっとも奴隷的性向を持つ人々に与えられた」[80]ときに、ローマで起こったことに関するタキトゥスの説明に再び依拠して、教訓を指摘しています。あらゆる事柄が「一人の人間のご機嫌や利益で判断され」、その人物の寵愛が「彼の命令への屈従的な服従に加えて、その人格への極端に諂った尊敬とか、外見上の親愛だけで獲得され得る」、そうした制度の必然的な帰結は、「有徳な行為への願望はすべて無くなり」、公共的利益を追求しようとする能力もすべて失われるであろう、ということです[81]。

シドニーの絶望的な分析の基礎にある決定的に重要な想定は、そうした帰結のどの一つも、威圧的な脅迫の結果では決してないことです。もちろん、権力者に助言する人々が甘受する自由の欠如は、威圧とか腕力によるものかも知れません。しかし、そうした顧問たちに典型的な奴隷的な行動様式は、同じように、依存という彼らの基本的な状態と、被護民的立場が彼らに求めるものに関する彼らの理解に起因するかも知れないのです。彼らが「富と権力をもつ者への盲目的な依存に陥り」始めるや否や、彼らは「ただ彼の意志を知ることのみ」を望みはじめ、最後は「報償を受けるのであれば、どんな不正を行うのも気に掛けなく」なるのです[82]。

ネオ・ローマ派の理論家たちが、こうした絶対的権力の卑屈な支持者たちを記述する一つの表現方法は、醜悪な obnoxious 性格の人物というものでした。既に見たように、隷属的 *obnoxius* という言葉は元々は、他人の意のままに生きる人々の境遇を指すために用いられていました。しかしながら、ネオ・ローマ的自由の理論の勃興とともに、その言葉はその代りに、君主や少数の支配者の指示通り生きる人々に予想される、奴隷的な行為を記述するために用いられるようになりました[83]。われわれはベーコンが既に一六二五年の『エッセイ』のなかで、国王によって密偵役に雇われた宦官どもを、嫌悪をこめて「醜悪な差し出がましい」従者と語っているのを知ります[84]。ジョージ・ウィザーは、『イングランド共和国《コモンウェルス》の議会と人民に』向けられた一六五二年の詩作のなかで、同じように、自由国家の下で個人的な破産によって自分自身を醜悪な存在にした人々を罵っています[85]。さらにもっと憤慨しているのは、一六八〇年にモンマス伯爵に対する勧告の手紙を書いた無名氏の反応です。彼もまた「卑小な政治屋」の諂いの策謀を指示し、「すべての忠義心の厚い臣下の義務」とは、「その種の人物の陰謀を見つけ出し」、「人民にとって彼らを忌まわしく醜悪な存在にする」ように試みることだと言明しています[86]。

こうした嫌悪に満ちた反応は、ネオ・ローマ派の著者たちが非常にしばしば、独立したカントリー・ジェントルマンの人物像を、近代社会で道徳的な威信と価値とを湛えた指導的存在と擁護している、その理由を説明するのを助けます。ハリントンが『オシアナ』で言明しているように、「最初はコモンウェルスを形成するときに、つぎにそれを統治するときに、何かが存在する」、それは「ジェントルマンの才能に特有のもののように思われる」のです[87]。彼らがわれわれの賞賛をもとめて提示したい人物像は、何度も記述されています。その人物とは、飾り気なく率直な心を持ち[88]、真っ直ぐで高潔さに満ち[89]、とりわけ真に男らしく、頼りになる勇気と不屈の精神を持つのです。[90]彼の美徳は、宮廷で増長する醜悪な従者や寄食者に特徴的な悪徳と、繰り返し対照されています。廷臣たちは飾り気なく率直な心をもつ代りに、猥褻、放埓で堕落している。[91]真っ直ぐである代りに、ぺこぺこし屈従的で下劣だ。[92]勇敢である代りに、尻尾を振り卑屈で男らしさがない。[93]

こうした道徳的理想像は、私が検討している著者たちによって、彼らの主張の正しさへの――ハリントンの場合には必然的な勝利への――絶対的な確信をもって、提出されています。しかしながら、驚くべき短期間のうちに、ネオ・ローマ理論の命運は傾き、崩壊し始めました。一八世紀の古典的な功利主義の勃興とともに、続く世紀の自由主義的国家に十分な基礎を与える功利主義的原理の利用とともに、自由国家の理論は急速に不評に陥り、最終的にはほとんど完全に視界から消え去ったのです。

この崩壊の一理由は、その理論の基礎にある社会的な前提が、時代後れでおかしなものとさえ思われ始めたことでした。一八世紀の初期には宮廷の作法がブルジョアジーに広がるとともに、独立的なカントリー・ジェントルマンの徳目は、洗練された商業的時代にとって適切でなく有害とさえ見え始めました。ネオ・ローマ派の著者たちの英雄は、率直な心を持つというのではなく、ただ粗野で野卑に、真っ直ぐではなく頑固で喧嘩早く、不屈ではなくただの無感覚な者と見られるようになりました。彼を非難した人たちは最終的に彼を、都会風に洗練され上品になるべきときに、西部劇の大地主といった田舎風のごつごつした物笑いの人物に変えることに成功したのです。

ネオ・ローマ理論の信用を失わせるのに一層重要だったのは、その基礎にある自由の理論は端的に混乱していると、絶えず繰り返し主張されたことです。(94) 私はウィリアム・ペイリーの問題の取り上げ方を選び出しましたが、しかし彼の基本的な主張はもっと以前に、ウィリアム・ブラックストーン卿(95)とジョン・リンド(96)によって述べられ、その後ジェレミー・ベンサムとジョン・オースティン(97)の法学で強化されました。一九世紀の末に至ると、ヘンリー・シジウィックは古典的自由主義についての重要な要約のなかで、ネオ・ローマ的な自由の理論の基礎にある誤りは議論の余地がないと宣言できると感じていました。シジウィックは『政治学の基礎』のなかで第一にわれわれにこう想起させています。個人的自由について語ることは、「物理的強制あるいは監禁」という形態での、あるいは「苦痛を伴う結果への恐怖」によりわれわれを抑制する強制的な脅威の形態での、行為への外的障害が欠如していることを語ることだ、と。(98) このことが一度理解されれば、われわれは市民の自由を自由国家の内部においてのみ可能であると考えるのは、端的に「自由」という言葉の普通の使用が引き起こしがちな混乱に陥ることだと知ることができる。真実を言えば、個人的自由は統治形態となんら必然的な関係はない。代議制的な立法府が「絶対王政よりも個人の自由な行為により多く干渉することは」、完全に可能だから。(99) 古典的な功利主義的主張をこう繰り返しながら、シジウィックは明瞭にネオ・ローマ理論は最終的に葬り去られたと感じていました。

注

(1)Hobbes 1996, p. 149.

(2)Filmer 1991, p. 275.

(3)おそらく、もっとも著名な二つの再述は、バンジャマン・コンスタンと現代におけるアイザイア・バーリンのそれである。Constant 1988, esp. pp. 309, 316-17, Berlin 1958, pp. 39-47.

(4)たとえば、Scott 1993, p. 152 note .

(5)サルスティウスの議論とその影響について、Skinner 1990b.

(6)Sallust 1931, 6. 7, p. 12 : ‘regium imperium, quod initio conservandae libertatis atque augendae rei publicae fuerat , in superbiam dominationemque se convortit’ .

(7)Sallust 1931, 7, 3, pp. 12-14 : ‘Sed civitas incredibile memoratu est adepta libertate quantum brevi creverit’ .

(8)Sallust 1931, 7, 2. p. 12 : ‘Nam regibus boni quam mali suspectiores sunt semperque eis aliena virtus formidulosa est.’

(9)偉大*grandezza* の命題に関するマキアヴェッリについて、Skinner 1981, esp. pp. 50-7. Skinner 1990b, esp. pp. 138-41.

(10)Machiavelli 1960, Ⅱ. 2, p. 280 : ‘Ma sopra tutto maravigliosissima è a considerare a quanta grandezza venne Roma poiché la si liberò da’ suoi Re. La ragione è facile a intendere : perché non il bene particulare ma il bene comune è quello che fa grandi le città. Esanza dubbio questo bene commune non è osservato se non nelle republiche... Al contrario interviene quando vi è uno principe, dove il piú delle volte quello che fa per lui offenda la città, e quello che fa per la città offenda lui.'

(11) Hallington 1992, p. 33.

(12) Nedham 1767, p. xxv.

(13) Nedham 1767, p. xxvi.

(14) Sallust 1931, 11. 4, pp. 18-20 : 'L. Sulla... bonis initiis malos eventus habuit'.

(15) 次の優れた議論を参照。Armitage 1995, pp. 206-14.

(16) Hallington 1992, p. 44.

(17) ウォードンが強調しているようにWorden 1991, pp. 467-8、ロバート・モールスワース、ジョン・トレンチャードといった、後代のネオ・ローマ的伝統に立つイギリス人著者たちは、征服と軍事的栄光を追求することを明確に非難した。

(18) ウィルツブスキーが、ローマ法のもとでは、「市民の自由と国家の内政的自由」とは、「同一の事柄の違った側面である」と主張したとき、問題点を一層強力に提示した。Wirszubski 1960, p. 3.

(19) Machiavelli 1960, I. 16, p. 174 : 自由な生き方 *vivere libero* の下での「共同の有益性」'commune utlita'は'di potere godere liberamente le cose sue sanza alcuno sospetto'.

(20) Machiavelli 1960, II. 2, p. 284 : 'si conosce non solamente che nascono liberi e non schiavi, ma ch' ei possono mediante la virtú loro diventare principi'.

(21) Hallington 1992, p. 20. シドニーは後に、議論を別の形で提示することができた。「公的自由を非難するものは、自分自身の自由を打倒する」。Sidney 1990, Ⅰ. 5, p. 18; f. Ⅱ. 27, p. 263; Ⅱ. 28, p. 270.

(22) Nedham 1767, p. v.

(23) Nedham 1767, p. 11.

(24) Milton 1980, p. 458.

(25) ハムデンの事件について、Kenyon 1966, pp. 104-5, 109-11.

(26) Milton 1962, p. 448-9, 574-5.

(27) 私は以前には、ネオ・ローマ的理論家たちとその古典的な自由主義的批判者たちの論争点は、自由の意味についての不一致ではなく、単に、自由が確保されねばならない場合に、満たされねばならない条件に関するものに過ぎないと想定していた。Skinner 1983, 1984, 1986. しかし、フィリップ・ペティットは、二つの思想的学派は実際に（他の点もあるが）自由の意味それ自身について一致していないことを私に納得させた。

(28) [Hall] 1700, pp. 3,6.

(29) [Osborne] 1811, p. 164.

(30) Nedham 1767, pp. 48-9.

(31) Sidney 1990, Ⅰ. 5, p. 17.

(32) 個人的自由と隷属状態とのあいだの同じ対照について、Sidney 1990, Ⅰ. 10, p. 31; Ⅰ. 18, p. 57.

(33) Bolingbroke 1997, esp. Letter XIX, pp. 177-91.

(34) この主張は、イギリス革命に関する最初期の「ウィッグ」的歴史家によって、正当に取り上げられていた。たとえば、Rapin 1732-3, vol. Ⅱ, p. 431, col. 1, 彼はこれは「直ちに起こった内乱のもっとも直接的な原因」であったという。

(35) Milton 1962, p. 454.

(36) 常備軍が自由に対して特別な脅威を提起するという後の主張について、Skinner 1974, esp. pp. 118-20, 123.

(37) 近代国家がこうした必要条件を満たすには、どのような政体上の形態が必要とされるかという問題について、以下で検討されている。Pettit 1997, pp. 171-205.

(38) このことは、こうした著者によれば、個人の自由はある意味で政治的参加の徳性ないし権利と同一視されうること、また従って自由は自治的な国家の一員となることにある、と言うわけではない。（たとえば、次の文献で想定されている。Miller 1991, p. 6；Wootton 1994, pp. 17-18；Worden 1994d, p. 174）私が考察している著者たちは単に、（少なくとも代議制という方法での）参加が個人の自由を維持する必要な条件を構成すると主張しているに過ぎない。Skinner 1983, 1984, 1986 and cf. Pettit 1997, pp. 27-31.

(39) Harrigton 1992, pp. 8, 20.

(40) Milton 1991, pp. 32-3. コーンスはミルトンについて、『在任権』で彼は「共和主義者というよりは国王殺し」のように見えるという。Corns1995, p. 26. 私は反対ではないが、しかしミルトンの自由国家と人身の隷属状態への言及は、彼が一六四〇年代の（ヘンリー・パーカーのような）「モナルコマキ」的著者たちよりも、ずっと共和主義者の音域に調子を合わせる準備が出来ていたことを示している。

(41) 同じ議論のその後の発展について、Nedham 1767, pp. 32-3；Milton 1980, pp. 427-8；Sidney 1990, Ⅲ. 21, pp. 439-46.

(42)Harrington 1992, pp. 19-20.

(43)ペイリーを私の事例として取り上げるという点では、私はペティットに従った。Pettit 1997, pp. 73-8.このことによって、私はペイリーの反論への私の反応とペティットのやや異なった反応とを対比することができるからである。ペイリーの功利主義については、Lieberman 1989, esp. pp. 5, 210-11；彼の市民的自由の見解について、Miller 1994, pp. 397-9.

(44)Paley 1785, p. 447.

(45)大学の教科書としてのこの人気については、LeMahieu 1976, pp. 155-6.

(46)それへの一対抗として、Pettit 1997, pp. 77-8.

(47)たとえば、私はロールズの論文はこの意味では、ユートピア的論文であると受け取るが、だからその分劣悪だというのではない。Rawls 1971.

(48)Paley 1785, p. 443.

(49)Paley 1785, pp. 444-5.

(50)Paley 1785, pp. 446-7. ジョゼフ・プリーストリーは一七六八年に同じ問題点を力説した。Priestley 1993, pp. 32-3, and cf. Canovan 1978 and Miller 1994, pp. 376-9.

(51)Paley 1785, p. 445. しかしながら、ペイリーが同じ個所で示唆しているように、実際には多分理由があるといってよいのであろう。というのは、われわれは「人民の福祉と調和は、民衆集会の決議によって為されるように、熱心にかつ注意深く、専制的君主の命令のなかで考慮されるであろうことを」想定しなければならないからである。

(52)たとえば、ペティットは、ペイリーのような古典的な自由主義的理論家は不自由を干渉という点から分析し、対抗する伝統はそれを干渉からの保障という点から分析しているのを認めているように思われる。Pettit 1997, pp. 24-7, 51, 69, 113, 273 and cf. Pettit 1993a and 1993b（ローマの平民の間の、保障のための闘争としての自由 *libertas* のための闘争については Cf. Pitkin 1988 pp. 534-5）したがって、ペティットは次の点に反対することだけに限定している。すなわち、ペイリーが認識し損なったことは、ネオ・ローマ的理論家たちがただ、特定の種類の保障のみを追求したこと、しかもただ特定の種類の干渉に対抗してそうしたのだ、こう考えることにのみ反対している。Pettit 1997, pp. 73-4. だが Pettit 1997, p. 5で彼は、より直截に「恣意的な支配に従属する」人間は、「単刀直入に不自由である」と言明している。

(53) ベンサムがこの「発見」について最初に語ったのは、ジョン・リンドへの一七七六年の手紙においてであった。その引用と検討は、Long 1977, pp. 54-5. また、Miller 1994, pp. 393-7.ネオ・ローマ派の著者たちは、消極的自由の理論家であること、私はすでにその点を強調しようとしたことがある。Skinner 1983, 1984, and 1986. 同じ趣旨のさらに立ち入った議論について、Spitz 1995, pp. 1995, pp. 179-220, Patten 1996 and Pettit 1997, pp. 27-31.

(54) ペティットは、個人的自由を限定するのはただ恣意的な支配だけに他ならないから、同意を与えた法に従う行為は、「全面的に自由と両立する」という見解を「共和主義的」自由の擁護者に帰している(Pettit 1997, p. 66 ; cf. pp. 55, 56n., 104, 271)。私が考察している著者たちは、決してそんな逆説には関係していない。彼らにとっては、法の支配と個人的な大権による政府との相違は、前者が自由を完全に保持する余地を与えるのに対して、後者はそうしないという点にあるのではない。その相違はむしろ、前者だけが〔自由を〕強制するのに対し、他方後者は付加的に依存の状態に置くということにある。同じように古代ローマで、自由 *Libertas* が法によって強制されることが想定されていたことについては、次で議論されている。Wirszubski 1960, pp. 7-9.

(55)「自由が干渉というよりも、支配の反意語と定義する」、「もう一つの理想」の考え方について、Pettit 1997, pp. 66, 110, 273.しかし Cf. Pettit 1997, pp. 51, 148,そこで彼は代りに、もう一つの伝統は、自由の名によって干渉の不在以上のものを求めていると主張している。後者の定式化は、ネオ・ローマ理論家によれば、不自由は干渉ないし依存によって創出されうることを示唆するが、私はこれは正しいと考える。

(56)私はこれが、共和主義者と自由主義者の間になんら興味ある相違を指摘することに失敗していると、私を批判する人々に対する、十分な反論となることを希望するものである。この批判については、Patten 1996, esp. pp. 25, 44.

(57)ネオ・ローマ的および古典的自由主義の自由の説明は、自律についての対抗的な理解を体現しているということができる。後者にとって意志は、強制されない限り自律的であり、前者にとって意志は、強制される危険に晒されない限りでのみ、自律的であると記述されうる。

(58)消極的自由についての論争がどの程度、何が強制と見なされるかに関する論争に変化するかについての説明は、MacCallum 1991, これは私が多くを依拠している古典的な論文である。

(59)この章句は多く議論されてきた。Pocock 1985, pp. 41-2; Schneewind 1993, pp. 187-92; Pettit 1997, pp. 32-3, 38-9.

(60)Hobbes 1996, p. 149.

(61)Hobbes 1996, p. 149.

(62)スコットは、彼がハリントンを古典的共和主義の道徳的基礎を犠牲にしたホッブズの弟子と記述するとき、この章句の意義を見過ごしたように、私には思われる。Scott 1993, pp. 155-63.

(63)Harrington 1992, p. 20.

(64)Sidney 1990, Ⅲ. 16, pp. 402-3 ; cf. Ⅲ. 21, p. 440.
(65)発言とその文脈について、Elton 1960, pp. 254, 262-3.
(66)Roper 1963, p. 9.
(67)More 1965, p. 56.
(68)More 1965, p. 56 : 'nisi quod adsurdissimis quibusque dictis assentiuntur & supparasitantur eorum, quos ut maxime apud principem gratiae, student assentatione demereri sibi'. また、たとえば、More 1965, p. 84. ヒスロディの懐疑の要約について、p. 102.
(69)More 1965, p. 54 : 'Hoc[sc. 'ut inservias regibus'] est ...una syllaba plusquam servias'.
(70)この命題について、Adams 1991 and Worden 1996, esp. pp. 217-24.
(71)宮廷文化の文学に現れた密偵について Archer 1993.
(72)宮廷における偽装の必要について Javitch　1978,　タキトゥスと宮廷中心の政治について Smuts 1994, esp. pp. 25-40.
(73)Sidney 1990, Ⅱ. 19, pp. 187, 188.
(74)Sidney 1990, Ⅱ. 25, p. 252 ; Ⅱ. 19, p. 188.
(75)Sidney 1990, Ⅱ. 11, p. 140.
(76)Sidney 1990, Ⅱ. 28, p. 271.
(77)Sidney 1990, Ⅱ. 19, p. 185.
(78)Sidney 1990, Ⅱ. 27, p. 266.
(79)Sidney 1990, Ⅱ. 25, p. 256.
(80)Sidney 1990, Ⅱ. 28, p. 271.

(81) Sidney 1990, Ⅱ. 28, p. 274.

(82) Sidney 1990, Ⅲ. 19, p. 435.

(83) 隷属性を、奴隷根性の資質として取り扱う先例が、リウィウスにある。Livy 1940, p. 38.

(84) Bacon 1972, p. 131.

(85) Wither 1874, p. 5.「おそらく私は、ときには、私が個人的な破産を認めたひとに、ひどく厳しく見えるとしても、それは公衆には、醜悪なものに映るでしょう」。

(86) [F.,C.] 1812, p. 217.

(87) Harrington 1992, p. 36；cf. Neville 1969, p. 185.

(88) Nedham 1767, p. 16；Neville 1969, p. 121.

(89) Neville 1969, p. 167；Sidney 1990, Ⅱ. 19, p. 186；Ⅱ. 25, p. 257.

(90) Milton 1962, pp. 344, 392；Milton 1980, p. 424；Sidney 1990, Ⅱ. 25, p. 255；Ⅱ. 28, p. 272；Ⅱ. 28, p. 277.理想のその後の運命について、Burrow 1988, esp. pp. 86-93.

(91) Milton 1962, p. 455；Milton 1980, p. 425；Neville 1969, p. 190；Sidney 1990, Ⅱ. 14, p. 161；Ⅱ. 27, p. 269.

(92) Milton 1980, pp. 425-6；428, 460-1；Sidney 1990, Ⅱ. 25, pp. 251, 254-5；Ⅱ. 28, pp. 272, 274, 277.

(93) Harrington 1992, p. 5；Milton 1980, pp. 426-7；Sidney 1990, Ⅲ. 34, p. 515.

(94) リンド、ベンサム、ペイリーの著作におけるこの批判の展開については、Miller 1994, esp. pp. 379-99, and Pettit 1997, pp. 41-50.

(95) ブラックストーンは臣民の自由について、純粋にホッブズ的な定義を提出しているが、それによれば自由は「投獄もしくは拘束」によってのみ侵害される。Blackstone 1765-9, vol. Ⅰ, p. 130. ブラックストーンの『イギリス法注解』のこの側面について、Lieberman 1989, esp. pp. 36-40.

(96) プライスのような著者によるネオ・ローマ理論の再述に対するリンドの攻撃について、Long 1977, pp. 51-7.

(97) ペイリーとベンサムについて、Long 1977, esp. pp. 178-91；ペイリーとオースティンについて、Austin 1995, pp. 159-60；オースティンのホッブズおよびベンサムへの賞賛について、Austin 1995, pp. 229-34の長い注を参照。

(98) Sidgwick 1897, p. 45.

(99) Sidgwick 1897, p. 375.

第三章　自由と歴史家

I

私は市民的自由に関する独特な理論の興隆と衰退についてお話して来ました。しかしながら、ここには明白な危険があります。私がこれまで行って来ましたように簡潔に標題にそって話すことで、私が歴史家として仕事の基礎に置こうしている諸原則を、具体的に示すというより、それらを裏切っているかも知れないのです。従って、たぶん私は自分が具体的に示そうとした諸原則の一つを、強調して置くべきだと思います。それは、思想史的な歴史家は、いわゆる古典的な文献の規準的《カノン》見解に焦点を合わせるだけでなく、あるいはそれに主として焦点を合わせるのでなく、むしろそうした文献がより広い思想の伝統や枠組の中に占める位置に焦点を合わせるのがよい、という原則です。

このアプローチは、一九六〇年代初頭私が大学院で研究を始めた時に有力であった正統的立場とは対照的であること、これを想起しておくことは無駄ではありません。当時は、主要な文献の規準的《カノン》見解が、政治思想史研究における唯一の適切な対象だと広く考えられていました。その理由は、定義上そうした文献が、政治思想それ自身を規定する一連の永続的諸問題を語っていると予期され得るからだ、こう主張されていました。もしも道徳理論や政治理論の歴史的研究が何らかの利点を持つとすれば、その研究は古典的文献から、それが現在の社会と政治の一般的な問題に関してわれわれに与える、なんらかの洞察を引き出すという形態を取らねばならないだろう。こう広く想定されていたのです。そこで古典的文献は、利用され影響を及ぼす位置に置かれるのです。(1)

私がこうした論点に思い悩み始めるずっと以前から、多く学者たちがこの主張の基本的前提には問題があると、気づいていました。道徳理論史や政治理論史のもっとも卓越した著作でさえ、同一の問題を語っていると言えるのか、より綿密に検討すれば、これは決して自明なことではないのです。もちろん、そうした疑念を最小にする仕方で、規準《カノン》を構成することは出来るでしょうが。私は今でも、私が最初にR・G・コリングウッドの『自伝』を読んだ時の強烈な印象を覚えております。そこで彼は、哲学のあらゆる部門の歴史は、問題も解決も絶えず変化しているから、永続的な主題など持たないと主張しています。(2)しかし、私が一層強烈な印象を受けたのは、大学二年のときピーター・ラスレットがジョン・ロックの『統治二論』の決定版を出版したときです。ラスレットの序論から私は次の事を学びました。ロックの『統治二論』を契約理論の古典的擁護と考えることは、多分なんらの害もないが、もしもこの本が最初はチャールズ二世下でイギリス王党主義が被った特定の危機への介入として意図されたのであり、一六八〇年代初期の政治的論争の渦中で特定の立場から書かれたことを認識しないのであれば、あなたはこの文献を理解する望みはまったくない、と。[3]

一九六〇年代末からずっと、同様の考え方をする他の多くの学者たちは、ケンブリッジ大学を道徳思想、政治思想の研究における、強い歴史的志向をもつアプローチの主導的な中心地としています。[4]このアプローチが一般に広く受入れられるにつれ、有益な一結果として、それ以前に政治理論史を政治史から区別していた高い壁が崩れ始めました。その壁は大部分頭の固い政治史家の世代によって――そのもっとも著名な人物はルイス・ネイミア卿ですが――建設されたものです。ネイミアには、政治理論が政治的行動の愚にもつかない事後的な *ex post facto* 理由付けとして振る舞うのは自明のことだと思われました。彼が主張するには、もしもわれわれが政治的行動の説明を求めたいならば、われわれは「その基礎にある感情、〔いわば〕音楽」の次元に眼を向けなければならないのです。「音楽にとって観念は単なる歌詞、それも非常に劣悪な質のそれに過ぎない」。[5]ハーバート・バターフィールド卿のようなネイミア批判者にとって唯一可能な反駁は、観念はしばしば公的出来事の結果ではなくむしろ原因だという趣旨の、アクトン卿の有名な格言に戻ることだと思われました。[6]しかしこの応答は当然にも、ネイミアとその追随者から、政治的行為がそれを理由付ける諸原則によって本当に動機づけられていると想定するとは、無邪気なものだとの嘲笑を招きました。[7]

思想史家がこの袋小路から脱出するのを助けた人々のなかで、もっとも影響力ある発言は、大学院生活をケンブリッジで、ハーバート・バターフィールド卿の生徒として始めた、ジョン・ポーコックのものでありました（現在もそうです）。とりわけポーコックこそが、われわれの世代に政治理論史を、いわゆる規準的《カノン》見解を示す文献の研究ではなく、むしろ社会のなかで相互に語られた、変化する政治的言語のより広範囲な探究と考えることを教えたのです。(8) ひとたびこの見晴らしの利く地点に到達するや否や、政治と政治理論の研究を新しいより実りある方法で関連づけることが可能となりました。そうした関連づけの一つは――私自身がとくに関心を注いで来たものですが――政治において為しうることは、一般に正統化出来るものによって制約されることを考慮することから導き出されます。しかしながら、あなたが正統化したいと思うことは、現存する規範的な原則の下であなたが当然に取り得る行為の経路がどのようなものであるかに依存しています。このことは、たとえあなたが公言する諸原則が決してあなたの行動の動機として作用せず、行動の理由付けとしてのみ作用するとしても、あなたの諸原則はそれでも、あなたが成功裡に追求することの出来る一連の行為を、形づくり制約するのを助けるであろうことを示唆します。したがってわれわれが、一定の政策が特定の時代になぜ選択され、特定の方法で明確化され追求された理由を説明したいのであれば、われわれはそうした諸原則の存在を浮かび上がらせる他ないのです。(9)

私自身のような思想史家のあいだでは、われわれの研究を「実在的《リアル》」歴史と呼ばれていたものと、より密接に関連づけることが出来るのは喜ばしい発展と考えられており、そうした発展の一つの結果は、思想史をより一般的な関心を呼ぶ主題としたことだと、私は考えています。ジェフリー・エルトン卿は一九九一年の『本質への回帰』で、こうした新しい事態に対して、思想史は「突然、食器室から応接室に引き上げられた」という表現を用いています。[10] しかしながら、道徳理論、政治理論の研究者の多くにとって、そうした歴史的方法の採用は、背信行為を体現するものと見えました。われわれの研究の価値は、古典的文献の偉大な連続のなかにある永続的に関心を呼ぶものを、われわれが明るみに出すことが出来ること、そのことがもつ価値だと考えられていました。[11] そうした文献は幅広い政治的言説の諸要素として見られるべきで、その意味内容は変化する状況に応じて変化する、こう主張されればされるほど、それだけ一層われわれの研究はその核心を奪われつつあると考えられました。私自身の批判者たち――うんざりするほど数多い人々の集団ですが――のなかで、幾人かの人は私を「学者風の古物愛好主義」[12]に落ちぶれており、そうした方法はせいぜい「埃っぽい古物愛好者の関心」を満足させる見込みがあるに過ぎないことに気づいていない、とまで非難したのです。[13]

この種の応答は、歴史的探究に対する憂鬱なほど実利的な見方を前提としているように感じられることでしょう。私たちは、過去の知識はそれが現在の当面の問題を解決するのに役立つのであれば、その限りで価値があるのだ、と言われ続けています。ホッブズの『リヴァイアサン』は、パーセルの歌劇や『失楽園』に劣らず、一七世紀の文化の制作品だと反駁したい気持ちにもなります。しかし、後の二つの芸術作品は、それらが新しい千年紀を目前にしたわれわれの生活を導く方法を教えることが出来ないことから、その分価値がないとは誰も考えません。

たぶんこの本質的に審美的な応答は正しいのであり、おそらくそれが失われた時代を取り戻す、歴史家の真の感受性なのです。しかし、私は決してそれで心安らかと感じて来なかったことを告白します。われわれは、われわれの歴史的研究がいまここで持つ実用性は何と考えられるかを、全く積極的に自問する用意がなければならない、こう私は考えます。歴史研究は自然の好奇心を満足させると応答するのは、決して適切ではないと私には思われますし、かつてアクトン卿がしたように、とくにわれわれのような高い意識の文化では、「われわれの研究は、ほとんど目的無しであるべきだ」ということが、「重要性[14]」に関する通俗的な見解となったと示唆することは、私には危険な自己陶酔と思われます。古物愛好主義という非難は、端的にいって、私をひどく困惑させるものですし、職業的歴史家はすべて、少なくとも自己の良心を満足させるように、それに返答する準備が出来ていなければならないと、私は考えます。重要性の核心はいったい何と考えられるのか、われわれはその質問を予期しなければならず、そう自問するのを怠ってはならないのです。

だからと言って、私はいま、歴史家がどのように時間を費やすべきかに関する論文に着手しようと計画しているのではありません。過去に関心を抱くいくつかの真剣な理由があると同じく、多くの種類の歴史学がありますし、そうした関心を追求するいくつかの合理的な方法があると同じく、多くの異なった歴史探究の技術があります。私は、歴史研究に中心と周辺がある印象を呼び起こしたり、特定の種類の歴史研究に他に優越する特別の地位を与えたりすることには、なんら正当性はないと考えます。したがって私は、歴史家が為すであろうことについて、語るべき一般的な関心を呼ぶ事柄があると考えることは出来ません。[15] 多分ただ一つ言えることは、歴史家は自己の能力の許す限り、真剣に過去について書こうと努めるべきだということです。このような事情ですから、私が出来るのはただ、私自身が書こうとしているある種の思想史の場合の核心について、何事かを語ろうとすることです。で、それについていくつか語ることで、結末にしたいと存じます。

Ⅱ

私は本書を、国家とは法人の名称だとする観念の獲得についてお話しすることから始めました。国家の代表者たちは、国家の名称で主権を行使する権限を与えられています。一七世紀以来、この観念は近代西洋の政治的な自己理解と実践の中心に存在し続けています。しかし、私は今こう問いたいのです。国家を代表することまた国家の代表者に権限を与えるとは何を意味するのか。そもそも国家を一行為主体として語るとは何を意味するのか、と。

　われわれの殆どは、われわれが適用し続けている理論を受け継いではいるものの、それを本当には理解していないことを、分かっていないように私には思われます。[16] しかし、もしそうであるなら、私たちの理解を改善する方法の一つ、――おそらく唯一の方法――は、政治をめぐるこうした思考方法が最初に表現され発展させられた歴史的な時点に立ち戻ることであるでしょう。われわれはそこで、われわれが今なお呼び起こす観念が最初どのように定義されたのか、どのような目的に役立つように意図されたのか、公権力に関するどのような見方を支持するために用いられたのかを知ることが出来るでしょう。このことはさらに、われわれが今日自分で意識せず、いくぶん理解さえしないで用いている一組の観念について、意識的な理解の獲得をわれわれに可能とさせるでしょう。要約すれば、もしもわれわれがこのことだけではなく、現在の道徳的政治的世界に関する多くの比較しうる諸側面を理解したいのであれば、私たちは思想史家になる必要がある、こう主張することができるのです。

　これはまったく新しい考え方というのではありません。これはF・W・メイトランドによる最後の、もっとも輝かしい一連の論文に息づいている思想であり、そこで彼は法人《コーポレーション》の理論、[17] とくに英国の政体の基礎にある、王室と国家それ自身を含む「単独法人」の理論を検討しました。[18] メイトランドの政治思想史家としての偉大さに言及できるのは、私の喜びとするところです。しかし私は率直にいえば、われわれの思想的遺産のなかに見られる、そうした連続性よりは非連続性に関心を持っています。連続性は結局のところ、広くどこにでも見られるので、過去を鏡と考えること、過去を研究する価値を、われわれ自身と、われわれの前提と偏見とを熟考する手段だと考えるのを、あまりに安易なものにしてしまいました。しかし、非連続性がしばしば同じように眼を打つことがあります。あるとき石に刻まれた価値は、次の瞬間に雲散霧消しているのです。この真理の力を評価するのに、われわれはラムセス二世の巨像を見る必要はありません。われわれはたとえば、パリのガルニエ歌劇場の正面に自信をもって彫刻されている、バッハ、モーツァルト、ベートーベン……スポンティーニといった、偉大な作曲家の名前を見るだけで十分なのです。われわれの文化的な英雄とか、われわれの価値や実践の多くと同じく、彼らもまた砂時計の砂に埋もれてしまいがちであり、発掘され再考される必要な状態にあるのです。

私が身をもって示そうとしている思想は、もしわれわれが歴史的記録を検討し反省するならば、われわれは現在通用している前提や信条から距離を置き、多分それらを再評価することさえ望むことが出来る、というものです。私が探究し最後に述べたい示唆とは、過去がもつ現在的価値の一つは、われわれがもはや支持しない価値や、われわれがもはや発しない疑問の宝庫であることです。思想史家に相応しい役割の一つは、ある種の考古学者として働く役割であり、埋もれた知的財宝を明るみに出し、埃を落し、それについてのわれわれの考えを、われわれが再考出来るようにすることなのです[19]。

私は本書の前二章で、そうした一つの発掘の遂行を試みました。私が自由な市民と自由な国家に関するネオ・ローマ理論と呼んで来たものの構造を明るみにだし、同時にその首尾一貫性を立証しようとしました。その理論はそれ自身興味深いものだと私は思います。しかし私にとっては、強制的な障害の欠如という意味での消極的自由の自由主義的分析によって、その後その理論が失墜したことから一層興味がわきました。自由主義的理論が興隆し現代の政治哲学の主導権を握る地位に就くとともに、ネオ・ローマ理論は視野からまったく失われ、自由主義的分析が複雑な自由の観念の唯一首尾一貫した考え方だと、広く見なされるようになったのです。

この主張の例証として、われわれの時代に出版されたこの論点に関する唯一つの最も重要な議論である、アイザイア・バーリン卿の『二つの自由の観念』をお考えください。バーリンは純然たる哲学的な課題に取り組む者として登場し、「自由の概念の本質」を説明し、他方同時に「用語の混乱」を回避することを課題としています[20]。回避すべき主要な混乱の一つは、自由を平等とか独立といった近親の概念と混同することだと、彼は説明しています。この種の非哲学的混乱は、あきらかに「真理には役立たない[21]」のです。

では、真理とは何か。バーリンが確言するには、彼が綿密に検討した二つの概念のうち「より真実でより人間味のある理想」は、自由とは私が「他の人から私が為したいことを妨げ」られない限り享受されることを明確にする概念なのです。[22] そこから、自由とは基本的には強制と対比されねばならないことが帰結し、その強制とは「私が行為したいと考える範囲内における、他の人間の意図的な干渉を意味」します。[23] またここから、自由に関する数多くの混乱は容易に取り除きうるし、すべての者の利益になるとされます。こうした混乱の一つは、政治的ないし社会的依存の身分からの解放を要求する人々によって引き起こされています。彼らは強制的な介入の終結ではなく、それとは別の何物かを要求しており、彼らは社会的自由と紛らわしく呼ばれているものを要求しているのです。[24] 一層の混乱は、個人的な自由は自治的な国家においてのみ享受しうるという信条に由来しています。ひとたびわれわれが、自由とは介入の欠如であると理解するのが最良だと知れば、自由の価値の保持は、誰が権力を握っているかではなく、誰の手元であれどれだけ多くの権力が委ねられているかに依存していることを知ることが出来ます。[25] このことは、消極的自由は「ある種の独裁政治と両立しないわけではないこと、あるいはある程度は自治の欠如と両立しないわけではないこと」を示すのです。[26]「個人的自由と民主政的支配とのあいだに」なんらかの「必然的な関係」があると想定することは誤りなのです。[27]

こうした主張を前にして、私がこの論文で先に取り組んできた発掘の作業は、もう一つの意義をもつことになる、と私には思われます。バーリンの批判は、消極的自由は強制的な介入によってのみ危険に晒されるという前提に依存しています。このことから確かに、依存と自治の欠如は、自由の欠如とは解釈され得ないことになります。しかし、このことはただ結論がすでに前提に挿入されている故に、そうなるに過ぎません。しかしながら、私が明らかにしようとしたのは、前提それ自身が再考される必要があることです。個人的な自由は基本的には不介入の問題だという想定とは、まさしくネオ・ローマ理論が疑わしいとするものなのです。

　そこでここに、私が述べて来た物語に暗黙のうち含まれている一つの教訓があります。すなわち、われわれの思想的遺産の呪縛に陥るのを回避することは、驚くほど困難なことなのです。われわれは現代の規範的な概念を分析したり熟考したりしながら、魔法に掛けられ、現代の思想的伝統の主流によって伝えられたその概念に関する思考方法が、本来の思考方法であるに違いないと確信するようになるのです。そうした魔法の要素がバーリンの正当に賞賛を浴びている説明にさえ入り込んでいる、と私には思われます。バーリンは自分自身を、純粋に中立的な課題を追求していると考えており、その概念の哲学的分析が自由の本質について、われわれに発言するように求めるものを説明しています。しかし、控え目にいっても、彼の分析は古典的な自由主義的理論家が以前、自由国家に関するネオ・ローマ理論を貶めるために辿ったと同じ経路を辿っていることは、印象的なことなのです。

このことは次に、私の話を飾る二つ目の、多分より印象的な教訓を示唆します。それは哲学史ことに道徳的、社会的、政治的哲学の歴史は、われわれがあまりに容易に呪縛されることを妨げることです。現在の生活様式に体現されている諸価値および、その諸価値に関する現在の思考方法は、さまざまな時代に、さまざまな可能な世界をめぐってなされた、一連の選択を反映していますが、思想史家はわれわれが、それがどのようなものかを識別するのを助けることが出来るのです。この点に気がつくことは、そうした諸価値と、諸価値がどのように解釈され理解さるべきかに関する、指導権を持っている説明の支配から、われわれを解放するのを助けることが出来ます。可能性という幅広い感覚を備えていれば、われわれはわれわれが受け継いだ思想的態度から距離を置き、新しい探究の精神で、それについてどう考えるべきか自分自身で問い直すことが出来るのです。

このことは、われわれが過去を、疑うことのない現在にとって、押し付けるべき異質な価値の宝庫として利用しようというのではありません[28]。もしも思想史の研究が、私がそのために主張しているある類の実用性を持つとすれば、われわれの現在の価値と、われわれの先祖たちの異質に見える諸前提が、ある程度一致するより深い次元があるに違いありません[29]。私は思想史家が道徳論者に変貌すべきだと示唆しているのでもありません。私自身が賞賛を惜しまないのは、とくに人類の犯罪、愚行さらに不幸を調査する際に、自分自身熱狂からも憤慨からも等しく距離を置く歴史家たちなのです。むしろ、私が示唆したいのは、思想史家は読者たちに、彼らの現在の価値や信条について判断を下す上で、関連する情報を提供しようとすることができるし、その後は彼らが思い巡らす、いわば反芻するにまかせよ、ということです。ここで私はニーチェの『道徳の系譜』の一節を想起しています。彼は彼の哲学を理解するためには、「あなたはほとんど牛になる必要がある」(30)と私たちに警告しています。牛のように反芻できることが必要なのです。

私の示唆は、したがってこうです。思想史家は自己の職業に精励すれば、古物愛好者の関心を遥に越えたものを産み出すことができるのです。彼らは、われわれの知的遺産のしばしば無視された豊かさを明るみに出し、それをもう一度展示し見せることで十分なのです。私はただ、この論文の範囲内で、そうした対象の一つを地表にもたらすことが出来たに過ぎません。しかし私はそれは価値ある対象だと確信します。それは自由な国家の性格をめぐる、われわれが受け継いだ思想的伝統の内部の対立を、われわれに示すからです。論争する双方の党派とも、国家の第一義的な目的の一つが、個々の市民の自由を尊重し維持することだという点では一致しています。一方の側は、国家は単に、その市民が自分の選んだ目的を追求するのに、なんらの不正な不必要な介入を蒙らないように保証することで、その誓約を履行することを望みうると主張します。しかし、他方の側は、それは十分ではありえないと主張します。国家は同時に、市民が回避可能な他者の好意への依存の状態に陥らないように保証することが、いつも必要であろうからなのです。

国家はそうした個人的な搾取と依存から、その市民を解放する義務だけではなく、国家それ自身の行為主体が、小さな簡素な権威で身を包んで、われわれの普通の生活を統治する規則を課する際に、恣意的に振る舞うのを控えるようにする義務を持つのです。

私が説明して来ましたように、近代西洋でわれわれは、この立場の第一のものを受入れてきましたが、他方第二のものは大部分脇に置いて来ました。そうした結果となったのには、明らかに十分な諸事情がありました。しかし私は、それでもこの結果は選択という観点から考察され得ると説明しようして来ました。われわれは正しく選択したのでしょうか。それを思い巡らすことは、皆様にお任せしたいと存じます。

注

(1)著名な実践者からの反省のない再論について――そこでは、こうしたすべての主張が再登場している――Warrender 1979.

(2)Collingwood 1939, esp. p. 16.

(3)Lastett 1988, esp. pp. 45-66.

(4)とくにわたしはジョン・ダンの名を取り上げなければならない。かれは一九六八年に歴史的アプローチの重要な擁護を出版し(Dunn 1980)、それを彼の古典的なジョン・ロック研究に適用した。(Dunn 1969).

(5) Namier 1955, p. 4.
(6) Butterfield 1957, p. 209 ; cf. Acton 1906a, p. 3.
(7) たとえば、Brooke 1961, esp. pp. 21-2, 24-5.
(8) ポーコック自身によるこの発展に関する回顧的な見解については、Pocock 1985, pp. 1-34, and Pocock 1987.
(9) この議論を詳細に展開する試みとしては、Skinner 1974.
(10) Elton 1991, p. 12.
(11) この点を強く述べたものとして、Warrender 1979, esp. p. 939.
(12) Gunnell 1982, p. 327.
(13) Tarlton 1973, p. 314.
(14) Acton 1906b, p. 57. パトリック・コリンソンはこの格言を、彼の著書『エリザベス朝のピューリタン運動』への題辞の一つとして引用しているが、たしかにアイロニーの暗示以上の意味がある。Collinson 1967.
(15) 私はこの点を発展させた。Skinner 1997.
(16) 私は誰もそれを理解していないというのではない。例外的に啓発的な議論が存在している。Copp 1980 and Runciman 1997, esp. pp. 6-33, 223-61.
(17) メイトランドは一九〇〇年から一九〇三年の間に、この一般的な主題について、三つの主要な論文を出版した。Maitland 1911, vol. Ⅲ, pp. 210-43, 244-70, 304-20. こうした研究に暗黙のうちにある政治的な立場について、Burrow 1988, esp. pp. 135-45.
(18) メイトランドが王室と国家を「単独法人」とすることについて、王室について Garnett 1996, esp.

pp. 171-2, 212-14, 国家について Runciman 1997, esp. pp. 96-107, 118-23.

(19) 私が考古学に言及する場合、その言葉をミシェル・フーコーが用いたよりも、もっと広い普通の理解で用いている。しかし、にもかかわらず私は、彼による「語られたモノの次元」の「考古学的」分析への暗示を意図している。私はその分析に大きな影響を受けている。Foucault 1972, esp. 135-40.

(20) Berlin 1958, pp. 43, 10n.

(21) Berlin 1958, pp. 39, 42, 43.

(22) Berlin 1958, pp. 56, 7. バーリンは結果として、自由の「消極的」観念とその概念の古典的な自由主義的理解とを同一視（もしくは混同）し、その上でこの理解と、彼のいう自己実現としての自由の「積極的」観念とを対比している。私は「積極的な」見解が別個の概念にならざるを得ないことには賛成する。自由を行為の機会に関連付ける――自由主義的分析やネオ・ローマ的分析のように――よりはむしろ、「積極的な」見解は、自由を特定類型の行為の遂行に関連づけている。この点についての啓発的な議論ついては、Baldwin 1984；また Skinner 1986, esp. pp. 232-5.自由を単に「機会」概念としてではなく、（チャールズ・テイラーの用語で）「実行」と理解することが立証しうるかどうかは、別個の問題であり、私はその問題には関らない。テイラー自身がその問題を興味深く取り上げている。Taylor 1979.

(23) Berlin 1958, p. 7, cf. p. 12, そこでは、「不干渉」は「強制の反対」と記述されている。

(24) Berlin 1958, pp. 41, 43.

(25) Berlin 1958, p. 48；cf. p. 14.

(26) Berlin 1958, p. 14.

(27) Berlin 1958, pp. 14, 56.

(28) Cf. Constant 1988, esp. pp. 321-3. 彼は、彼の言う古代の自由を賞賛する人々は、陶片追放とか監察といった明白に異質で僭主的な制度を含めて、あわよくば古代の都市国家の全体的な統治構造を再構築したいと考えているに違いない、と想定している。

(29) 私はここでは、ドナルド・デイヴィッドソンのラディカルな解釈の理論を参照している。Davidson 1984, esp. pp. 125-39 and 183-98, and cf. Skinner 1988, esp. pp. 236-46. 私が検討を加えて来た個人的自由をめぐる論争の基礎には、疑いなくより深い次元での連続性がある。論争は結果として、依存とは、一種の強制として認められるべきか否かという問題をめぐって展開している。しかし、双方とも自由の概念は基本的には、なんらかの形で解釈された強制の欠如という意味に取られなければならないと想定している。この事例を考察する際の重要な点は、われわれが失った世界から異質の価値を取り出すために弁明することではない。そうではなく、われわれと消滅した世界とに共通するある価値の、失われた読み方を明るみに出すことである。

(30) Nietzsche 1994, p. 10.

文　献

第一次資料

Austin, John (1995). *The Province of Jurisprudence Determined*, ed. Wilfrid E. Rumble, Cambridge.

Bacon, Francis (1972). *Essays*, ed. Michael J. Hawkins, London.

Blackstone, William (1765-9). *Commentaries on the Laws of England*, 4 vols., Oxford.

Bolingbroke, Henry St John, Viscount (1997). *Political Writings*, ed. David Armitage, Cambridge.

[Bramhall, John] (1643). *The Serpent Salve*, n. p.

Constant, Benjamin (1988). *The Liberty of the Ancients Compared with that of the Moderns in Political Writings*, ed. Biancamaria Fontana, Cambridge, pp. 309-28.

Digest of Justinian, The (1985). Ed. Theodor Mommsen and Paul Krueger, translation ed. Alan Watson, 4 vols., Pennsylvania.

[Digges, Dudley] (1643). *The Unlawfulnesse of Subjects taking up Armes against their*

Soveraigne, in what case soever, London.

Englands Absolute Monarchy (1642). London.

[F., C.] (1812). *A Letter to his Grace the Duke of Monmouth* in *A Collection of Scarce and Valuable Tracts*, vol. VIII, ed. Walter Scott, 2nd edn, London, pp. 216-19.

Filmer, Sir Robert (1991). *Patriarcha and Other Writings*, ed. Johann P. Sommerville, Cambridge.

Gardiner, Samuel Rawson (1906). *The Constitutional Documents of the Puritan Revolution 1625-1660*, 3rd edn, Oxford.

H[all], J[ohn] (1700). *The Grounds & Reasons of Monarchy Considered* in *The Oceana of James Harrington, and his Other Works*, ed. John Toland, London, pp. 1-32.

Harrington, James (1992). *The Commonwealth of Oceana* and *A System of Politics*, ed. J. G. A. Pocock, Cambridge.

Hayward, John (1603). *An Answer to the First Part of a Certaine Conference, Concerning Succession*, London.

Hobbes, Thomas (1969). *Behemoth or the Long Parliament*, ed. Ferdinand Tönnies, introd. M. M. Goldsmith, 2nd edn, London.

(1983). *De Cive : The Latin Version*, ed. Howard Warrender, Oxford : Clarendon edition, vol. II.

(1996). *Leviathan, or The Matter, Forme, & Power of a Common-wealth Ecclesiasticall and Civill*, ed. Richard Tuck, revised student edn, Cambridge.

[Hunton, Philip] (1643). *A Treatise of Monarchy*, London.

Livy (1600). *The Romane Historie Written by T. Livius of Padua*, trans. Philemon Holland, London.

(1919). *Livy, Books I and II*, trans. and ed. B. O. Foster, London.

(1922). *Livy, Books III and IV*, trans. and ed. B. O. Foster, London.

(1924). *Livy, Books V-VII*, trans. and ed. B. O. Foster, London.

(1926). *Livy, Books VIII-X*, trans. and ed. B. O. Foster, London.

(1935). *Livy, Books XXXV-XXXVII*, trans. and ed. Evan T. Sage, London.

(1938). *Livy, Books XL-XLII*,trans. and ed. Evan T. Sage and Alfred C. Schlesinger, London.

(1940). *Livy, Books XXIII-XXV*, trans. and ed. Frank Gardner Moore, London.

Locke, John (1988). *Two Treatises of Government*, ed. Peter Laslett, student edn, Cambridge.

Macaulay, Thomas Babington, Lord (1863). *The History of England from the Accession of James the Second*, 4 vols., London.

Machiavelli, Niccolò (1960). *Il principe e Discorsi sopra la prima deca di Tito Livio*, ed. Sergio Bertelli, Milan.

Maitland, Frederic William (1911). *The Collected Papers*, ed. H. A. L. Fisher, 3 vols., Cambridge.

[Maxwell, John] (1644). *Sancro-sancta Regum Majestatis : Or ; The Sacred and Royall Prerogative of Christian Kings*, Oxford.

Mill, John Stuart (1989). *The Subjection of Women in On Liberty, with The Subjection of Women and Chapters on Socialism*, ed. Stefan Collini, Cambridge, pp. 117-217.

Milton, John (1962). *Eikonoklastes in Complete Prose Works of John Milton*, vol. III, ed. Merrit Y. Hughes, New Haven, Conn., pp. 336-601.

(1980). *The Readie and Easie Way to Establish a Free Commonwealth in Complete Prose Works of John Milton*, vol. VII, ed. Robert W. Ayers, revised edn, New Haven, Conn., pp. 407-63.

(1991). *The Tenure of Kings and Magistrates in Political Writings*, ed. Martin Dzelzainis, Cambridge, pp. 1-48.

More, Thomas (1965). *Utopia in The Complete Works of St Thomas More*, vol. IV. ed. Edward Surtz, S. J. and J. H. Hexter, New Haven, Conn.

Nedham, Marchamont (1767). *The Excellency of a Free State*, ed. Richard Baron, London.

Neville, Henry (1969). *Plato Redivivus: or, a Dialogue Concerning Government in Two English Republican Tracts*, ed. Caroline Robbins, Cambridge, pp. 65-200.

Nietzsche, Friedrich (1994). *On the Genealogy of Morality*, ed. Keith Ansell-Pearson, trans. Carol Diethe, Cambridge.

[Osborne, Francis] (1811). *A Perswasive to A Mutuall Compliance under the Present Government. Together with A Plea for A Free State Compared with Monarchy in A Collection of Scarce and Valuable Tracts*, vol. VI, ed. Walter Scott, 2nd edn, London, pp. 153-77.

Paley, William (1785). *The Principles of Moral and Political Philosophy*, London.

[Parker, Henry] (1934). *Observations upon some of his Majesties late Answers and Expresses in Tracts on Liberty in the Puritan Revolution 1638-1647*, ed. William Haller, New York.

Plautus (1924). *Mostellaria*, in *Plautus*, vol. III, trans. and ed. Paul Nixon, London.

Price, Richard (1991). *Two Tracts on Civil Liberty in Political Writings*, ed. D. O. Thomas, Cambridge, pp. 14-100.

Priestley, Joseph (1993). *An Essay on the First Principles of Government, and on the Nature of Political, Civil, and Religious Liberty* in *Political Writings*, ed. Peter N. Miller, Cambridge, pp. 1-127.

Pufendorf, Samuel (1672). *De Iure Naturae et Gentium Libri Octo*, Londini Scanorum.

(1703). *Of the Law of Nature and Nations*, Oxford.

Rapin de Thoryas, Paul de (1732-3). *The History of England*, 2 vols., trans. N. Tindall, 2nd edn, London.

Roper, William (1963). *The Life of Sir Thomas More, Knight in Lives of Saint Thomas More*, ed. E. E. Reynolds, London, pp. 1-50.

Sallust (1931). *Bellum Catilinae* in *Sallust*, trans. and ed. J. C. Rolfe, London, pp. 1-128.

Seneca (1928-35). *Moral Essays*, trans. and ed. John W. Basore, 3 vols., London.

Sidgwick, Henry (1897). *The Elements of Politics*, 2nd edn, London.

Sidney, Algernon (1990). *Discourses concerning Government*, ed. Thomas G. West, Indianapolis.

Tacitus (1914-37). *The Annals*, trans. and ed. John Jackson in *Tacitus*, 5 vols., London.

Williams, G[riffith] (1643). *Vindiciae Regum ; or The Grand Rebellion*, Oxford.

Wither, George (1874). *To the Parliament, and People of the Commonwealth of England*, prefatory address to *The Dark Lantern in Miscellaneous Works of George Wither*, third collection, London, pp. 5-8.

第二次資料

Acton, John Emerich Dalberg, Lord (1906a). 'Inaugural Lecture on the Study of History' in *Lectures on Modern History*, ed. J. N. Figgis and R. V. Laurence, London.

(1906b). Letter XXVI in Lord *Acton and his circle*, ed. F. A. Gasquet, London, pp. 54-7.

Adamo, Pietro (1993). 'L'interpretazione revisionista della rivoluzione inglese', *Studi storici* 34, pp. 849-94.

Adams, Simon (1991). 'Favourites and Factions at the Elizabethan Court' in *Princes, Patronage and the Nobility : The Court at the Beginning of the Modern Age c. 1450-1650*, ed. Ronald G. Asch and Adolf M. Birke, Oxford, pp. 265-87.

Archer, John Michael (1993). *Sovereignty and Intelligence : Spying and Court Culture in the English Renaissance*, Stanford, Cal.

Armitage, David (1995). 'John Milton : Poet against Empire' in *Milton and Republicanism*, ed. David Armitage, Armand Himy and Quentin Skinner, Cambridge, pp. 206-25.

Bailyn, Bernard (1965). *The Ideological Origins of the American Revolution*, Cambridge, Mass.

Baldwin, Tom (1984). 'MacCallum and the Two Concepts of Freedom', *Ratio* 26, pp. 125-42.

Baron, Hans (1966). *The Crisis of the Early Italian Renaissance*, 2nd edn, Princeton, N. J.

Barton, Anne (1984). *Ben Jonson, Dramatist*, Cambridge.

Berlin, Isaiah (1958). *Two Concepts of Liberty : An Inaugural Lecture delivered before the University of Oxford on 31 October 1958*, Oxford.

Brett, Annabel S. (1997). *Liberty, Right and Nature : Individual Rights in Later Scholastic Thought*, Cambridge.

Brooke, John (1961). 'Party in the Eighteenth Century' in *Silver Renaissance : Essays in Eighteenth-Century English History*, ed. Alex Natan, London, pp. 20-37.

Brunt, P. A. (1988). '*Libertas* in the Republic' in *The Fall of the Roman Republic and Related Essays*, Oxford, pp. 281-350.

Burrow, J. W. (1988). *Whigs and Liberals : Continuity and Change in English Political Thought*, Oxford.

Butterfield, Herbert (1957). *George III and the Historians*, London.

Canovan, Margaret (1978). 'Two Concepts of Liberty-Eighteenth Century Style', *The Price - Priestley Newsletter* 2, pp. 27-43.

Charvet, John (1993). 'Quentin Skinner on the Idea of Freedom', *Studies in Political Thought* 2, pp. 5-16.

Colish, Marcia (1971). 'The Idea of Liberty in Machiavelli', *Journal of the History of Ideas* 32, pp. 323-50.

Collingwood, R. G. (1939). *An Autobiography*, Oxford.

Collinson, Patrick (1967). *The Elizabethan Puritan Movement*, London.

(1987). 'Trhe Monarchical Republic of Queen Elizabeth I', *Bulletin of the John Rylands University Library of Manchester* 69, pp. 394-424.

(1988). *The Birthpangs of Protestant England : Religious and Cultural Change in the Sixteenth and Seventeenth Centuries*, London.

(1990). *De Republica Anglorum Or, History with the Politics Put Back : Inaugural Lecture delivered 9 November 1989*, Cambridge.

Copp, David (1980). 'Hobbes on Artificial Persons and Collective Actions', *Philosophical Review* 89, pp. 579-606.

Corns, Thomas N. (1995). 'Milton and the Characteristics of a Free Commonwealth' in *Milton and Republicanism*, ed. David Armitage, Armand Himy and Quentin Skinner, Cambridge, pp. 25-42.

Davidson, Donald (1984). *Inquiries into Truth and Interpretation*, Oxford.

Dunn, John (1969). *The Political Thought of John Locke : An Historical Account of the Argument of the 'Two Treatises of Government'*, Cambridge.

(1980). 'The Identity of the History of Ideas' in *Political Obligation in its Historical Context*, Cambridge, pp. 13-28.

Dzelzainis, Martin (1995). 'Milton and the Protectorate in 1658' in *Milton and Republicanism*, ed. David Armitage, Armand Himy and Quentin Skinner, Cambridge, pp. 181-205.

Elton, G. R. (1960). *The Tudor Constitution : Documents and Commentary*, Cambridge.

(1974). *Studies in Tudor and Stuart Politics and Government*, 2 vols., Cambridge.

(1991). *Return to Essentials: Some Reflections on the Present State of Historical Study*, Cambridge.

Fink, Z. S. (1962). *The Classical Republicans: An Essay in the Recovery of a Pattern of Thought in Seventeenth-Century England*, 2nd edn, Evanston, Ill.

Forbes, Duncan (1975). *Hume's Philosophical Politics*, Cambridge.

Foucault, Michel (1972). *The Archaeology of Knowledge*, trans. A. M. Sheridan Smith, London.

Frank, Joseph (1980). *Cromwell's Press Agent: A Critical Biography of Marchamont Nedham, 1620-1678*, Lanham, Md.

Garnett, George (1996). 'The Origins of the Crown', *Proceedings of the British Academy* 89, pp. 171-214.

Garnsey, Peter (1996). *Ideas of Slavery from Aristotle to Augustine*, Cambridge.

Gauthier, David P. (1969). *The Logic of Leviathan: The Moral and Political Theory of Thomas Hobbes*, Oxford.

Gierke, Otto (1960). *Natural Law and the Theory of Society 1500 to 1800*, trans. Ernest Barker, Boston, Mass.

Gunnell, John G. (1982). 'Interpretation and the History of Political Theory : Apology and Epistemology', *American Political Science Review* 76, pp. 317-27.

Harris, Tim (1990)."'Lives, LIberties and Estates" : Rhetorics of Liberty in the Reign of Charles II' in *The Politics of Religion in Restoration England*, ed. Tim Harris, Paul Seaward and Mark Goldie, Oxford, pp. 217-41.

Houston, Alan Craig (1991). *Algernon Sidney and the Republican Heritage in England and America*, Princeton, N. J.

Javitch, Daniel (1978). *Poetry and Courtliness in Renaissance England*, Princeton, N.J.

Judson, Margaret A. (1949). *The Crisis of the Constitution : An Essay in Constitutional and Political Thought in England 1603-1645*, New Brunswick, N. J.

Kenyon, J. P. (1966). *The Stuart Constitution 1603-1688 : Documents and Commentary*, Cambridge.

Laslett, Peter (1988). Introduction to John Locke, *Two Treatises of Government*, student edn, Cambridge, pp. 3-126.

LeMahieu, D. L. (1976). *The Mind of William Paley : A Philosopher and his Age*, London.

Levack, Brian P. (1973). *The Civil Lawyers in England 1603-1641 : A Political Study*, Oxford.

Lieberman, David (1989). *The Province of Legislation Determined: Legal Theory in Eighteenth-Century Britain*, Cambridge.

Long, Douglas G. (1977). *Bentham on Liberty: Jeremy Bentham's Idea of Liberty in Relation to his Utilitarianism*, Toronto.

MacCallum, Gerald C., Jr. (1991). 'Negative and Positive Freedom' in *Liberty*, ed. David Miller, Oxford, pp. 100-22.

MacLachlan, Alastair (1996). *The Rise and Fall of Revolutionary England: An Essay on the Fabrication of Seventeenth-Century History*, London.

Mendle, Michael (1995). *Henry Parker and the English Civil War: The Political Thought of the Public's 'Privado'*, Cambridge.

Miller, David (1991). Introduction to *Liberty*, ed. David Miller, Oxford, pp. 1-20.

Miller, Peter N. (1994). *Defining the Common Good: Empire, Religion and Philosophy in Eighteenth-Century Britain*, Cambridge.

Namier, L. B. (1955). *Personalities and Powers*, London.

Norbrook, David (1994). 'Lucan, Thomas May, and the Creation of a Republican Literary

Culture' in *Culture and Politics in Early Stuart England*, ed. Kevin Sharpe and Peter Lake, London, pp. 45-66.

Oldfield, Adrian (1990). *Citizenship and Community : Civic Republicanism and the Modern World*, London.

Patten, Alan (1996). 'The Republican Critique of Liberalism', *British Journal of Political Science* 26, pp. 25-44.

Peltonen, Markku (1995). *Classical Humanism and Republicanism in English Political Thought 1570-1640*, Cambridge.

Pettit, Philip (1993a). 'Negative Liberty, Liberal and Republican', *European Journal of Philosophy* 1, pp. 15-38.

(1993b). 'Liberalism and Republicanism', *Australasian Journal of Political Science* 28, pp. 162-89.

(1997). *Republicanism : A Theory of Freedom and Government*, Oxford.

Pitkin, Hanna Fenichel (1988). 'Are Freedom and Liberty Twins?' *Political Theory* 16, pp. 523-52.

Pocock, J. G. A. (1975). *The Machiavellian Moment : Florentine Political Thought and the*

Atlantic Republican Tradition, Princeton, N. J.

(1977). Historical Introduction to *The Political Works of James Harrington*, Cambridge, pp. 1-152.

(1985). *Virtue, Commerce, and History : Essays on Political Thought and History, Chiefly in the Eighteenth Century*, Cambridge.

(1987). 'The Concept of a Language and the *Métier d'Historien* : Some Considerations on Practice' in *The Languages of Political Theory in Early-Modern Europe*, ed. Anthony Pagden, Cambridge, pp. 19-38.

Pocock, J. G. A. and Schochet, Gordon J. (1993). 'Interregnum and Restoration' in *The Varieties of British Political Thought, 1500-1800*, ed. J. G. A. Pocock, Cambridge, pp. 146-79.

Raab, Felix (1964). *The English Face of Machiavelli : A Changing Interpretation 1500-1700*, London.

Rahe, Paul A. (1992). *Republics Ancient and Modern : Classical Republicanism and the American Revolution*, Chapel Hill, N.C.

Rawls, John (1971). *A Theory of Justice*, Cambridge, Mass.

Robbins, Caroline (1959). *The Eighteenth Century Common-wealthman : Studies in the Transmission, Development and Circumstance of English Liberal Thought from the Restoration of Charles II until the War with the Thirteen Colonies*, Cambridge, Mass.

Runciman, David (1997). *Pluralism and the Personality of the State*, Cambridge.

Salmon, J. H. M. (1959). *The French Religious Wars in English Political Thought*, Oxford.

Sanderson, John (1989). *'But the People's Creatures' : The Philosophical Basis of the English Civil War*, Manchester.

Schneewind, J. B. (1993). 'Classical Republicanism and the History of Ethics', *Utilitas*, 5, pp. 185-207.

Scott, Jonathan (1988). *Algernon Sidney and the English Republic, 1623-1677*, Cambridge.

(1991). *Algernon Sidney and the Restoration Crisis, 1677-1683*, Cambridge.

(1992). 'The English Republican Imagination' in *Revolution and Restoration : England in the 1650s*, ed. John Morrill, London, pp. 35-54.

(1993). 'The Rapture of Motion : James Harrington's Republicanism' in *Political Discourse in Early Modern Britain*, ed. Nicholas Phillipson and Quentin Skinner, Cambridge, pp. 139-63.

Skinner, Quentin (1972). 'Conquest and Consent: Thomas Hobbes and the Engagement Controversy' in *The Interregnum: The Quest for Settlement*, ed. G. E. Aylmer, London, pp. 79-98.

(1974). 'The Principles and Practice of Opposition: The Case of Bolingbroke versus Walpole' in *Historical Perspectives*, ed. Neil McKendrick, London, pp. 93-128.

(1978). *The Foundations of Modern Political Thought*, 2 vols., Cambridge.

(1981). *Machiavelli*, Oxford.

(1983). 'Machiavelli on the Maintenance of Liberty', *Politics* 18, pp. 3-15.

(1984). 'The Idea of Negative Liberty: Philosophical and Historical Perspectives' in *Philosophy in History*, ed. Richard Rorty, J. B. Schneewind and Quentin Skinner, Cambridge, pp. 193-221.

(1986). 'The Paradoxes of Political Liberty' in *The Tanner Lectures on Human Values*, vol. VII, ed. Sterling M. McMurrin, Cambridge, pp. 225-50.

(1988). *Meaning and Context*, ed. James Tully, Cambridge.

(1989). 'The State' in *Political Innovation and Conceptual Change*, ed. Terence Ball, James Farr and Russell L. Hanson, Cambridge, pp. 90-131.

(1990a). 'Thomas Hobbes on the Proper Signification of Liberty', *Transactions of the Royal Historical Society* 40, pp. 121-51.

(1990b). 'Machiavelli's *Discorsi* and the Pre-humanist Origins of Republican Ideas' in *Machiavelli and Republicanism*, ed. Gisela Bock, Quentin Skinner and Maurizio Viroli, Cambridge, pp. 121-41.

(1990c). 'The Republican Ideal of Political Liberty' in *Machiavelli and Republicanism*, ed. Gisela Bock, Quentin Skinner and Maurizio Viroli, Cambridge, pp. 293-309.

(1997). 'Sir Geoffrey Elton and the Practice of History', *Transactions of the Royal Historical Society* 47, pp. 301-16.

Smith, Nigel (1994). *Literature and Revolution in England 1640-1660*, London.

(1995). 'Popular Republicanism in the 1650s : John Streater's "Heroick Mechanicks"' in *Milton and Republicanism*, ed. David Armitage, Armand Himy and Quentin Skinner, Cambridge, pp. 137-55.

Smuts, Malcolm (1994). 'Court-Centred Politics and the Uses of Roman Historians, *c*. 1590-1630' in *Culture and Politics in Early Stuart England*, ed. Kevin Sharpe and Peter Lake, London, pp. 21-43.

Sommerville, Margaret R. (1995). *Sex and Subjection : Attitudes to Women in Early-Modern Society*, London.

Sommerville, J. P. (1986). *Politics and Ideology in England, 1603-1640*, London.

Spitz, Jean-Fabien (1995). *La liberté politique : Essai de généalogie conceptuelle*, Paris.

Tarlton, Charles D. (1973). 'Historicity, Meaning and Revisionism in the Study of Political Thought', *History and Theory* 12, pp. 307-28.

Taylor, Charles (1979). 'What's Wrong with Negative Liberty' in *The Idea of Freedom*, ed. Alan Ryan, Oxford, pp. 175-93.

Thomas, D. O. (1977). *The Honest Mind : The Thought and Work of Richard Price*, Cambridge.

Tuck, Richard (1993). *Philosophy and Government 1572-1651*, Cambridge.

Tully, James (1980). *A Discourse on Property : John Locke and his Adversaries*, Cambridge.

(1993). *An Approach to Political Philosophy : Locke in Contexts*, Cambridge.

Viroli, Maurizio (1992). *From Politics to Reason of State : The Acquisition and Transformation of the Language of Politics 1250-1600*, Cambridge.

Wallace, John M. (1964). 'The Engagement Controversy 1649-1652 : An Annotated List of

Pamphlets', *Bulletin of the New York Public Library* 68, pp. 384-405.

Warrender, Howard (1979). 'Political Theory and Historiography: A Reply to Professor Skinner on Hobbes', *The Historical Journal* 22, pp. 931-40.

Wirszubski, C. (1960). *Libertas as a Political Idea at Rome during the Late Republic and Early Principate*, Cambridge.

Wootton, David (1994). 'Introduction: The Republican Tradition: From Commonwealth to Common Sense' in *Republicanism, Liberty, and Commercial Society, 1649-1776*, ed. David Wootton, Stanford, Cal., pp. 1-41.

Worden, Blair (1991). 'English Republicanism' in *The Cambridge History of Political Thought 1450-1700*, ed. J. H. Burns and Mark Goldie, Cambridge, pp. 443-75.

(1994a). 'Marchamont Nedham and the Beginnings of English Republicanism, 1649-1656' in *Republicanism, Liberty, and Commercial Society, 1649-1776*, ed. David Wootton, Stanford, Cal., pp. 45-81.

(1994b). 'James Harrington and *The Commonwealth of Oceana*, 1656' in *Republicanism, Liberty, and Commercial Society, 1649-1776*, ed. David Wootton, Stanford, Cal., pp. 82-110.

(1994c). 'Harrington's *Oceana* : Origins and Aftermath, 1651-1660' in *Republicanism, Liberty, and Commercial Society, 1649-1776*, ed. David Wootton, Stanford, Cal., pp. 111-38.

(1994d). 'Republicanism and the Restoration, 1660-1683' in *Republicanism, Liberty, and Commercial Society, 1649-1776*, ed. David Wootton, Stanford, Cal., pp. 139-93.

(1994e). 'Ben Jonson among the Historians' in *Culture and Politics in Early Stuart England*, ed. Kevin Sharpe and Peter Lake, London, pp. 67-89.

(1995). 'Milton and Marchamont Nedham' in *Milton and Republicanism*, ed. David Armitage, Armand Himy and Quentin Skinner, Cambridge, pp. 156-80.

(1996). *The Sound of Virtue : Philip Sidney's Arcadia and Elizabethan Politics*, London.

Zwicker, Steven N. (1993). *Lines of Authority : Politics and English Literary Culture, 1649-1689*, Ithaca, N.Y.

訳者解説

梅津順一

一 はじめに

本書は、今日もっとも注目される政治思想史家の一人クェンティン・スキナーが、ケンブリッジ大学近代史欽定講座教授就任にあたって行った記念講義を原型としている。書名のいう『自由主義に先立つ自由』とは、一七世紀イギリスの大空位期における共和主義者たちの自由論であり、具体的にいえば、ジェームズ・ハリントン、ジョン・ミルトン、マーチモント・ニーダムらのそれを指している。ただし、スキナーは彼らを共和主義者ではなく、ネオ・ローマ理論家と呼んでいる。彼らが必ずしも王政の廃棄を求めていなかったからであり、また共通して、マキアヴェッリを通して、古代ローマの歴史家、法学者、道徳学者に学んでいるからでもある。この主題は歴史学的にいえば、イギリス革命期における政治思想の一パラダイムの研究ということができる。

だが、他面書名が示唆するように、ネオ・ローマ理論の自由は、自由主義的自由に時間的に先行するだけでなく、より優れた自由という意味付けを与えられている。本文にみるように、一六五〇年代におけるネオ・ローマ的自由に対立したのは、ホッブズの自由論であった。スキナーによれば、そのホッブズの「消極的自由」論はその後、イギリスの自由主義的政治哲学に受け継がれ、支配的な地位を獲得している。現代におけるその主唱者は、アイザイア・バーリンであるが、スキナーのこの研究は、その自由主義的自由論によって葬り去られたネオ・ローマ的自由の発掘を意味しており、それ自身きわめて政治理論的ないし政治哲学的な主題なのである。

したがって、スキナーは政治史と政治理論ないし政治哲学との境界を意識的に踏み越えており、既成の学問的仕切りを越えたところに立っているといわなければならない。しかも、彼は政治思想史家としての文献的知識の広がりと深さにおいて、第一級の歴史家としての力量を示すとともに、現代哲学、言語理論をもふくめて、彼の理論的素養も並々ならぬものがある。(1) その著者の仕事の今日的な一結晶ともいうべき本書に対して、政治思想の専門家ではない訳者が解説を試みるのは無謀に近いが、これまでのスキナー自身の研究的足跡を振り返ることにより、本書の位置を素描してみることにしたい。訳者自身の研究課題の一つは、ヴェーバー的な視点からのイギリス・ピューリタニズム研究であり、その角度からイギリス革命史に関心を持ってきたのだが、ここではとくにイギリス革命史家という角度からスキナーの業績に光を当ててみたいのである。(2)

二 「誓約論争」とホッブズ

今日スキナーは、ケンブリッジ大学出版会から発行されている思想史モノグラフ・シリーズ、「文脈における諸思想」Ideas in Context の編集責任者であり、新しい方法に基づく政治思想研究の指導的人物として知られている。本書第三部の研究史的回顧が示すように、スキナー自身は自己の立場を、政治思想的文献を正典（カノン）として読む立場に対比して、第一次的には同時代的な文脈で読むことと説明している。かつて歴史哲学者コリングウッドが示唆したように、過去の思想家たちはたとえ同じ言葉を用いているとしても、必ずしも同一の問題に取り組んだとは言えない。彼らが語ったことを理解するには、同時代的な思想的政治的文脈の中に位置付けなければならないのである。スキナーはその衝撃的な実践例を、ピーター・ラスレットのロック『統治二論』決定版の序論に見出した。そこではロックの同書は、契約論的政治理論の古典というよりも、一六八〇年代初頭の王位継承排除危機への参与として理解することが示唆されていたのである。(3)

研究者としてのスキナーの歩みは、ラスレットのロック研究に倣って、ホッブズの『リヴァイアサン』の同時代的文脈を探ることから開始された。従来ホッブズは、その大胆さと独創性から、当時の世界にあって孤高の哲学者と見なされていた。だがスキナーは、ホッブズがピエール・ベイル、ガッサンディ、メルセンヌらと交流を持ち、フランスの知識人に注目される存在であったし、とくに、その政治論はスピノザやプーフェンドルフらの大陸の法学者によって積極的に取り上げられていたことを明らかにした[4]。それにイギリス国内においても、激しいホッブズ批判に幻惑されて十分に気付かれていないが、ホッブズは少なからぬ知識人に取り上げられていたことが知られるのである。

初期スキナーのホッブズ研究は、その主著『リヴァイアサン』をイギリス共和政初期に交わされた、いわゆる「誓約論争」への参与であることに注目するものであった。「誓約論争」は一六四九年における国王の処刑と貴族院の廃止、イングランド共和国の宣言を背景としていた。主たる政治的勢力であった長老派も王党派も、この新しい政府の設立を望んでいたわけではなかった。王党派は、王権の神授から服従の正統性を引き出そうとしており、長老派は「厳粛なる同盟と契約」を前提として考えていたからである。この時点で「努めて穏健な（ただし主として長老派の）グループ」によって、事実上成立した（デファクトの）新しい政府を擁護し、服従誓約を支持する、まったく異なった議論が提出されることになった。彼らは「誓約論者」ともいわれ、スキナーは「デファクト理論家」と呼ぶのだが、その基本的な主張は「神の定めた現存する権力に服従せよとのパウロの命令は、権力を簒奪した場合でも正当に主張しうる」というものであった[5]。

スキナーによれば、デファクトの権力の権利をめぐる理論家たちのなかで、ただ一人神の摂理を呼び起こすことを排除し、人間の政治的性質の議論にもとづいて政治的忠誠義務の理論を展開したのがホッブズであった。ホッブズのイギリスにおける英文の著作が現れるのがまさしくこの時期にあたり、出版されるや否や世俗的なデファクト理論家たちに注目され「彼らが独立して到達した政治的忠誠義務に関する見方のもっとも権威のある提示」として受け取られた。実際、『リヴァイアサン』でホッブズは、「政治社会は自然の必要であり、その本質的な目的として、端的に市民の平和と保護を確保することをもつ、というデファクト理論家の基本想定を支持している」のである。(6)

三　ウィッグ・イデオロギーとホッブズ

スキナーがホッブズの同時代的文脈としてもっとも重視するのは、この忠誠義務をめぐる論争だが、この論争が展開されたもう一つの時期は名誉革命後であった。この場面では一方には名誉革命を擁護する正統的立場としてのウィッグ・イデオロギーがあり、他方には前政権の崩壊後成立した政治権力への忠誠義務を、事実に即して合理的に説明する、デファクト理論があった。名誉革命時のデファクト理論家として、たとえばトーリーに属するセントポール寺院の聖職者シャーロックがおり、そこではホッブズが参照されていた。名誉革命を基礎付けたウィッグ・イデオロギーは「コモン・ローと規制された王政、それに記録の残らない太古からの議会の権利」という三つの原則を前提としていたが、スキナーはここにノルマンの征服をどう説明するかという一つの難点が潜んでいたことに注意を促している。ウィッグの立場は、過去の権利から現在の権利への連続性を主張する点にあり、ノルマンの征服はサクソンの自由をなんら中断することはなかったし、法の本質的性格になんら変化を引き起こしてはいないとした(7)。

ただし、歴史家たちは、征服という紛れもない事実を探究しており、後に一八世紀のスコットランドの歴史家たち、ヒューム、ロバートソン、ミラーらの社会学的歴史家たちは征服を当然の事実として受け取り、ヒュームは「サクソン族の政府は、古代の政治体制の自由を祭ることとはほど遠く、自然の粗野な状態からほとんど進歩していなかった」と書いてる。このスコットランドの洗練された歴史家たちに先立って、ベーカーやローリー卿などの一七世紀の年代誌家も、ノルマンの征服を直視し、「絶対的権力の行使であり、新しい法の基礎」であると見ていた。議会の起源にしても、記録の残らない太古というのではなく、一二世紀の発明としていたのである(8)。

スキナーはウィッグ・イデオロギーの勝利は、こうした年代誌家の歴史記述を抑圧しただけでなく、ノルマンの征服に基礎をおく、対抗的な政治イデオロギーを排除するものであったと指摘している。ウィッグ・イデオロギーに挑戦したのは、一つには平等派であり、リチャード・オーヴァトンの『抗議書』にみるように、平等派は征服の事実を認め、「あらゆる現存の支配を自由なイギリス人に架せられた軛として弾劾し、代わりに市民の自然権を宣言する手段」とした。その上で、平等派は「もっとも急進的な国制的要求」と突きつけることになったわけで、征服による支配は本来政治的支配の基盤にあるべき「人民の自発的な信託」を受けていない、われわれは依然としてノルマンの軛の下にあるから、征服の痕跡を示すものはすべて洗い落とさなければならないとしたのである(9)。

ところでデファクト理論家は、征服という歴史的事実を承認しながらも、平等派とはほとんど対極的な立場から、征服の事実を主権論ないしは権力論のために用いた。彼らの主張は、端的に「どんな政府であれ、本源的な支配の権利を精査されれば存在が危うくなる」ということで、この立場の代表的理論家アンソニー・アスカムは、「支配する権利はつねに疑わしいものであり、政権にある統治者があらゆる人々に自己の権利を自由に検討することを許すとすれば、どんな王国であれ論議が巻き起こる」と述べている。こうした立場にたつものは、一面では「伝統的なキリスト教的従順の衣」をまとっていたが、そうした衣装の下に、「合理的な政治的忠誠義務の観念」があった。すなわち「現存する権力にいつも服従することは、結果として、保護と忠誠義務の相互関係を義務の基準と主張することである」。したがって、正統性を持つ政府であっても、征服されれば人民を保護することができなくなるので、人民が征服者に保護をもとめ忠誠を約束することは合法的であるということになった(10)。

四　イギリス革命とホッブズ

イギリス人歴史家にとって、一七世紀の政治的変動をどのように理解するかは、極めて重要な主題である。ケンブリッジ大学近代史欽定講座の前任者は、教会史家のパトリック・コリンソンであり、そのまた前任者は政治史家のジェフリー・エルトンである。エルトンはチューダー朝における行政革命を指摘することによって、イギリスの近代国家の成立過程に新しい光を投げかけ、コリンソンはエリザベス一世治世下の宗教運動に、いわばプロテスタント・イングランドの基調を見出していた。スキナーの場合には、近代イギリスの転換点として自覚的に一七世紀を重視すると述べている。彼は一七世紀の政治危機が体制的危機であり、イギリス革命と呼びうるものであることを承認している。では、スキナーはイギリス革命の政治思想についてどのような展望を持っているのであろうか。

まず、第一に指摘できることは、以上見たホッブズの国家論の評価である。スキナーはホッブズを、政治的忠誠義務を主題とし、イギリス共和政初期の「誓約論争」への参与として読んでいるわけだが、とりわけホッブズがデファクトの政治権力に忠誠義務を持つという政治的信条を、独自な認識論から導き出したことに注目した。すなわち、「政治的な体系を人間の政治的な性質の包括的な説明に基づき、摂理論的な用語からユニークな形で解放して、語った」という点で、ホッブズは政治理論に独自な貢献を与えたと考えられたのである。ホッブズは、歴史神話に裏付けられたイデオロギーとしての政治思想ではなく、歴史的事実を踏まえ、政治的現実を踏まえて、合理的に政治権力を導きだした政治理論の創立者という位置を与えられているのである。

　事実、その後のスキナーの政治思想史研究において、ホッブズは近代的な国家理論を体系的に展開した最初の人物として位置付けられている。主著『近代政治思想の基礎』の主題は、中世ヨーロッパから近代初頭の政治思想をたどるなかで、近代的な国家概念の成立を跡付けるものであった(11)。国家概念が成立するための前提として、スキナーは次の四つ条件が必要であったと考える。第一に、道徳哲学の固有の領域として政治学が取り上げられるようになることで、これは一三世紀の半ばアリストテレスの政治学が、ヨーロッパ世界で翻訳されることにより再興して来る。第二の前提条件は、王国なり都市国家なりが、外部権力あるいは上級の権力から独立することだが、これはイタリアの都市国家が神聖ローマ帝国から事実上の独立を果たし、それに法的な基礎が与えられることにより実現した(12)。

　第三の前提条件は、それぞれの独立王国が立法権をもつこと、あるいは臣民の忠誠の対象となることにおいて、その内部に対抗する権力を持たないことである。これは国家が国内の領主権力および国家を超えた教会権力から自由になることであり、絶対主義を支持する法律家が教会権力から強制力を切り離すことにより達成された。これらに加えて第四の前提条件として、近代的な国家概念には、政治社会は政治目的のためにのみ存在するという前提があった。というのは、一六世紀の宗教改革期において、宗教改革の側もローマ・カトリックの側も、政府の目的に「真実の宗教と教会の維持」を挙げていたからである。この目的が存続している限り宗教戦争は宗教対立があるかぎり永遠に続くことになる。政治社会の独立には、ボーダンのように政治社会から宗教目的を分離することにより、平和と秩序を探究する政治理論家が必要であった(13)。

この到達点にホッブズが位置するのであり、ホッブズの国家の捉え方は、その後党派を越えて受け入れられていった。

五　イギリス革命と個人的自由

このようにスキナーは、イギリス革命期の政治思想家ホッブズを、近代的政治思想の基礎を築いた人物として評価しているわけだが、本書の対象はそのホッブズの自由論の敵対者、ネオ・ローマ的自由の主唱者たちに他ならない。ホッブズが国家論に取り組んだとすれば、ネオ・ローマ理論家は個人的自由を問題としている(14)。ホッブズは「消極的自由」の立場から、政治体制と個人的自由の間にはなんら必然的な関係はないと考えたのに対して、ネオ・ローマ理論家たちは、自治的な国家、個人が平等に参政権を保障された国家で初めて自由であることが可能であると考えたのである。

スキナーの研究的経過からいえば、さきに述べた『近代政治思想の基礎』を刊行した後、オクスフォード大学出版会刊行のパスト・マスターズシリーズの『マキアヴェッリ』を書き上げるとともに、マキアヴェッリを素材として共和主義的「自由」の問題に取り組んでいる[15]。スキナーによればマキアヴェッリは、『君主論』とならぶ主著『リウィウス論』のなかで自由国家と個人的自由の問題を考察している。マキアヴェッリはここでリウィウスのローマ史を参照し、何が「共和国を大帝国にまで昇りつめることを可能としたか」を究明することに取り組んだ。ローマはなぜこの上ない偉大さを手にしたのか。「経験が教えるところでは、都市は自由を手にしないかぎり、支配権をも富をも手にすることはなかった[16]」。マキアヴェッリはここにローマの偉業を理解するカギを見出したのであり、そこにまた自由の問題が考察されることになった。

スキナーは共和主義者が自由というとき、国家であれ個人であれ、身体の隠喩で考えていることに注意を促している。国家は一つの統治体 the body politic であり、個人は a natural body であるとすれば、自由であるとは外的な抑制に従属することなく、自己の目的を追求する上で、自己の意志に従って行為することができることを意味する。したがって、マキアヴェッリによれば「自由国家とは、あらゆる外的服属からまったく自由で、彼らの自身の意思に従って、彼ら自身を統治できること」なのだ。この自由国家の利点の一つは、いま指摘した「市民的な偉大さと富」とを獲得できることであり、もう一つは「個人的自由」を享受できることである。マキアヴェッリは「自由国家として生きている国々と属州においてのみ、個々の市民はそれぞれの家産が取り去られるという恐怖なしに、自由に生きることができる」と主張している[17]。

イギリス革命期のネオ・ローマ派の人々は、こうした古代ローマの共和主義とマキアヴェッリとを踏まえ、当時の状況のなかで自由国家と個人的自由を考察することになる。彼らは自由国家の存立条件を検討することにより、個人的自由の問題に取り組んだのである。彼らはマキアヴェッリに倣いつつ、国家を統治体として自然的な身体の隠喩で捉え、国家が自由であるのは自らの意志に従って行為することが抑制されないかぎり自由であること、つまり自由国家とは自己統治能力を備えた国家であり、統治体の行為は構成員の全体の意志に基づくものと捉えたわけである。ではその場合、どのような統治体制であれば、そうした自由国家といえるのか。本講義では、おおむね次のように説明される。

第一に、国家を規制する法律は、成員全体の同意を得て制定されなければならないことである。もとより、人民の意志といっても、つねに一つに収斂するわけではないから、彼らは事実上多数の意志を参照することを念頭に置いていた。さらに一歩進んで、自由国家の統治は「立法への関与という点において、それぞれ個々の市民が平等の権利を行使するのを可能とするものでなければならない」と考えられた。それがいかにして実現するかといえば、必ずしも小共和国の連邦でも厳密な意味での人民による統治でもなく、「人民大衆がより徳と思慮とをもつ人々の国民議会によって代表される」ことであり、また人民のために立法に従事するその議員が人民によって選ばれることである。もっとも、その場合王政と貴族院を廃止した後の庶民院が、その役割を果たしていると考える立場がある一方、元老院の役割を評価する立場もあり、バランスの取れた混合的な政治体制への支持もあった。

注目すべきことに、このように個人的自由を根拠づけるネオ・ローマ理論は、チャールズ一世の統治への根本的な批判であり、その意味でイギリス革命を基礎付ける思想であったことである。チャールズ一世による議会の同意なしの船舶税問題、議会への侵入による五名の庶民院議員の逮捕の試み、議会の立法に対する国王の拒否権、国王による民兵の指揮権の保持は、自由国家と個人的自由の確保の立場から、原則的に批判されているからである。ネオ・ローマ理論は国王の裁量的特権を否定し、代議政治と混合政体の実現を目指したのであった。そこで初めて保証されると考えられた個人の自由には、所有権、移動の自由、契約の自由などのいわゆる基本的人権が含まれると考えられた。名誉革命によって、基本的人権を保障する近代国家が成立したと考えれば、スキナーは近代国家の理論的枠組みはホッブズに、統治構造と個人的自由はネオ・ローマ理論に由来すると考えているのである。

また、スキナーが古代およびルネッサンス的な共和主義的自由とネオ・ローマ的自由との相違についても言及していることも注目される。スキナーはネオ・ローマ理論を古代の共和政と市民的人文主義を受け継ぐものといいつつ、他面で断絶面をも指摘してのである。確かに共和主義的思考にあって自由国家と個人的自由が問題とされたのだが、イギリスのネオ・ローマ理論にあってはじめて個人的自由が個人的権利として意識されるようになった。ミルトンは個人的権利をあらゆる人々がもつ生得権であるとしているが、こうした思想は宗教改革の思想を受け継ぐものであった。(18)

六　ネオ・ローマ的自由の今日的意味

スキナーには「政治的自由」を主題とする関連した論考がいくつかあるが、論文「共和主義的な政治的自由の理想」の冒頭で、今日の政治思想における二つの自由の考え方が想起されている。一つは「自由主義的個人主義」と、もう一つは「アリストテレス的な伝統」に由来する自由の考え方である。前者は、ホッブズ、ベンサム、それに現代ではバーリンによって主張され広く受け入れられているもので、「政治的自由の観念は、本質的に消極的自由」であり、「自由の存在はつねに何物かが欠如していることによって特徴づけられていること」、とくに「ある主体が、自己の選んだ目的を追求するために行為を為し得ること、違った選択肢を追求し得ること、少なくとも選択肢のなかから選びうることを禁じる、何らかの抑制の要素が欠如していること」によって特徴づけられる。(19)

これとは対照的ないわば共同体論的自由には、二つの主張があるとされる。一つは「自由と自治」と関連付け、結果として「個人的自由を、一見して逆説的だが、公共的奉仕」と結びつけるものである。チャールズ・テイラーの表現では、「われわれは、本当の自治を組み込んでいる、ある基準形式の社会のなかでのみ自由であり得る」、そこでは自由を確保したいのであれば、心から公共的奉仕の生活、市民的徳性を涵養する生活を送らなければならないことになる。これは、完全な自由とは、一定の目的の追求のみが合理的であることを承認していることを前提としている。これと関連するもう一つの自由は、個人的自由の観念を、一層逆説的だが、強制の概念と関連づけることで、「公共的な義務の遂行が自由の維持にとって不可欠である」ことを承認することだ。そうであるとすれば、自由でありうるためには、公共的義務と市民的徳性を強制しなければならないということになる[20]。

これらに対して、スキナーはネオ・ローマ的自由、共和主義的自由を、第三の自由の概念として提示している。その自由とは、自由国家で実現すると考えられる個人的自由であり、自由国家が外的な権威に従属しない自治的独立的国家であるとすれば、市民的自由とは個人的な依存や従属に起因する抑圧からは、自由・独立であることを意味している。すでに触れたように、古代およびルネッサンス期の共和主義者たちは、この自由国家においてのみ強大となることができ、また市民的自由を保障することができると考えていた。その場合、この自由国家が存立しつづけるためには、公共的利益（公共善）に喜んで奉仕するという市民的徳性あるいは公共精神の涵養が不可欠と考えられた。[21]

こうした共和政的自由の考え方においては、今日の自由主義的自由とは対照的に、社会的自由を自己統治と関係させ、個人的自由の理念を有徳な公共的奉仕の理念と関連づけている。しかも、それだけではなく、その市民的徳性を涵養するように強制されなければならないことも強調され、その意味では個人的自由は強制と抑制の所産であると考えられていた。他方、アリストテレス的伝統とはことなって、共和政的自由は積極的な自由を想定していない。人間は特定の目的をもつ道徳的存在であるとは考えられず、個々人の願望や目標は個々人に任されている。その意味では、共和政的自由においては、自由は個々人の目的の実現への障害が無いことであり、「消極的自由」が前提とされていた。[22]

では、現代の自由主義的自由といわば共同体論的自由の対立に対して、スキナーが第三の共和主義的自由を提出した意図は何か。人間は社会的存在であるから、個人的自由の前提として個々の人間に特定の積極的な目的を課さなければならないとする、アリストテレス・トミズム的伝統にスキナーは与してはいない。個々の人間はそれぞれ目的を選択し行為することを保証することが自由であるとする点では、スキナーは自由主義者と共通している。ただし、自由主義者が自由を確保しようとして「諸権利の非常線を自分自身の周辺に張り巡らし、それを切札として用い、社会的義務の呼びかけに対して権利の優先権を主張すること」に対して批判的であることは明らかである。バーリンのいう「社会的生活の最小限の要請と両立できる最大限の不干渉の程度を実現しようとすること」には賛成できないとしている。というのは、「もしもわれわれがわれわれの権利よりも義務を重視しないとすれば、われわれは権利それ自身が掘り崩されてしまうことを予期しなければならない」からである。(23)

七　おわりに

以上、スキナーの研究史的文脈をたどりながら、欽定講座教授就任講義『自由主義に先立つ自由』を簡単に位置付けてみた。最後に、スキナーの立場がイギリス革命研究としてどのような特徴があるのかについて、若干のコメントしておきたい。通常イギリス革命の政治思想が議論される場合には、イギリス革命の政治過程が念頭におかれた上で、特定の政治勢力の思想が分析されることが多い。議会指導者に則して長老派、独立派の主張があり、兵士の間に支持された平等派があり、平等派の挫折の後には、さらに急進的なディガーズ、第五王国派があり、他方では王権神授説に立つ王党派があるという具合である。さらに王政復古の時期の党派論争を経て、いわゆるウィッグ・イデオロギーによって名誉革命が遂行された。そのウィッグ・イデオロギーは、古来の国制とコモンローと規制された王政という原則によって構成されるものであった。

イギリス革命の到達点を名誉革命と位置付け、ウィッグ・イデオロギーがその思想であると捉えるとき、スキナーはそのウィッグ・イデオロギーに対しては、一面では一種の政治神話に基づくものとして、距離を置いているとみることができる。その点でスキナーは、政治権力をありのままに見つめ、合理的に基礎付けたデファクト理論家とホッブズに共感を持っている。イギリス革命の時期に、特定のキリスト教神学から解放され、また政治神話から解放された、合理的な政治学が誕生したことに注目しているわけである。いわば市民革命の時期は、自立的な政治学的思考の誕生として評価されているということができる。

ただし、スキナーのイギリス革命論には、もう一つ本書のいうネオ・ローマ理論の自由論を評価するという立場がある。ウィッグ・イデオロギーが、チャールズ一世の専政政治と国王処刑後のイギリス共和政という、いわば左右の例外状況を除けば一貫していると見れば、イギリスの国制の連続的理解になるし、いや議会の主権の原則は内乱があって初めて可能であったと考えれば断絶的理解に立つことになる。その場合でも、国王の処刑は行き過ぎであったと考えれば長老派的理解ということになるが、スキナーは独立派に近い立場の自由論を評価している。王政復古期のシドニーら共和主義者の議論がウィッグ・イデオロギーのなかに流れ込んでいると捉えれば、スキナーはウィッグ・イデオロギーの最もラディカルな流れに注目しているということができる。

内乱から名誉革命へといたる政治思想の流れは、長老派・独立派の古来の国制と平等派の自然権の主張が、パトニー討論では対立しながらも、ロックでは統一されたという図式で説明される場合がある。だが、ネオ・ローマ理論はその図式からははみ出す側面を持っている。ネオ・ローマ理論とは、古典古代とルネッサンス・イタリアを経た共和主義的思考のイギリス革命期における展開であり、デファクト理論家と共通の基盤をもちつつ、ラディカルな代議制的統治を構想した。名誉革命として収斂するイギリス革命が、その必要な通過点として共和政の時期をもち、共和政的自由の追求があったこと、スキナーがこの線を強調することは、あるいはロックと名誉革命を自由主義的に位置付けるウィッグ・イデオロギーの正統な流れからするならば、その左派に位置するというべきかも知れない。

ただしその左派というのは、階級論的な左派、社会主義志向という意味での左派ではなく、個人的自由の追求、権力的な依存関係から独立した、政治的自由の確保という意味でのラディカルということになる。ネオ・ローマ的自由の追求が今日的な文脈で、政治制度として何を意味するかは、必ずしも明確ではない。かつて、イギリス革命は一九世紀の議会改革運動に示唆を与えるものとして、あるいは戦後は社会主義革命にも展望を与えるものとして、その画期的意義が探究されたことがあった。スキナーの場合にはそうした制度的変革というよりも、現代社会における自由の問題、いやむしろ精神的従属の問題に注目しているということができるかも知れない。

今日の政治制度においては、普通選挙や政治への直接的な参加、さらには情報公開など、さまざまな意味での共和政的制度が一般化している。しかしにも関わらず、今日われわれは自由で有り得ているのか。スキナーの議論の基調には、巨大な権力機構としての現代国家あるいは巨大な組織があり、そこでは人々は事実上さまざまな形で隷属状態に置かれていることはないのであろうかという問いがある。一六・一七世紀に政治の中枢にあって顧問を務める人々が、いかに隷属的状況にあって自由を失っていたか。この点に関するスキナーの冷静な分析は、政府や大組織、マスコミに依存する今日の知識人の状況への警鐘となっている。逆にいえば、スキナーはイギリス革命を作り上げた一要素、ネオ・ローマ理論を発掘することにより、現代的自由の問題への洞察を引き出すことができた。その意味で、スキナーは歴史神話から自由な、高度に洗練された、逆説に富む、しかし確かにウィッグ的伝統の上にたつ思想史家であるということができるのではあるまいか。(24)

注釈

(1)スキナーの方法論については、邦訳があるし、いくつかの論評がある。スキナー、半澤孝麿・加藤節編訳、『思想史とはなにか――意味とコンテクスト』岩波書店、岩波モダンクラシックス版、一九九九年。佐々木毅「政治思想史の方法と解釈――Q・スキナーをめぐって」、『国家学会雑誌』第九四巻七・八号、一九八一年。半澤孝麿「政治思想史研究におけるテキストの自律性の問題――Q・スキナーをめぐる方法論論争について㈠」『東京都立大学法学会雑誌』第二九巻第一号、一九八八年。佐藤正志「クェンティン・スキナー」、小笠原弘親・飯島昇藏編『政治思想史の方法』早稲田大学出版部、一九九〇年。

(2)もとより、スキナー自身の研究史的文脈といっても、さまざまな問題設定がありうるから、ここでの試みは極めて限定したものである。また以下では長期にわたるスキナーの議論を統一的なものとして取扱い、見解の変化については触れていない。なお、この訳者解説を拡大したものとして、梅津順一「クェンティン・スキナーとイギリス革命」『聖学院大学総合研究所紀要』一二号（近刊）

(3)Peter Laslett, ed and introduction, *Locke's Two Treatises of Government* Cambridge, 1960.

(4)Skinner, 'The Ideological Context of Hobbes's Political Thought', *Historical Journal* 9, 1966, p.286-291.

(5)Skinner, 'Conquest and Consent : Thomas Hobbes and the Engagement Controversy' in *The Interregnum : The Quest for the Settlement*, ed. G. E. Aylmer, London, pp. 79-81.

(6)'Conquest and Consent', pp. 94,95.

(7)'History and Ideology in the English Revolution', *Historical Journal* 8, 1965, pp.151,152.

(8)'History and Ideology', pp. 156-159.

(9)'History and Ideology', pp. 161,162.

(10)'History and Ideology', pp. 162,163.

(11)*The Foundations of Modern Political Thought*, 2vols., Cambridge. 1978.

(12)*The Foundations*, vol.2, p. 351.

(13)*The Foundations*, vol.2, p. 351,352.

(14)スキナーは国家に対峙する個人の自由、権利の問題を、『近代政治思想の基礎』では、第二部における宗教改革の抵抗権論に則して検討しているが、それに加えて共和主義的自由の問題に取り組むことになった。これには当然、ポーコックらの共和主義研究が大きな刺激となったと考えられる。ただし、スキナーとポーコックの間には、研究方法および共和主義の評価をめぐって、共通性とともに少なからぬ相違もあると思われる。この時期の共和主義に関するすぐれた解説として David Wootton, 'Introduction ; The Republican Tradition : From Commonwealth to Common Sense', in David Wootton ed., *Republicanism, Liberty, and Commercial Society,1649-1776*, Stanford, CA, 1994.

(15)Skinner, *Machiavelli*, Oxford, 1981.（塚田富治訳『マキアヴェッリ』未来社、一九九一年）、Skinner, 'Machavelli on the Maintenance of Liberty', *Politcs* 18, 1983.

(16)'The Paradoxes of Political Liberty' in *The Tanner Lectures on Human Values*, vol.Ⅶ, ed. Sterling M. McMurrin, Cambridge, 1986, p. 239.

(17)Skinner, 'The Republican Ideal of Political Liberty' in *Machiavelli and Republicanism*, ed. Gisela Bock, Quentin Skinner and Maurizio Viroli, Cambridge, pp. 301, 302..

(18)スキナーがネオ・ローマ的自由の概念に宗教改革的自由のモーメントがあることを指摘しているのは注目に値する。ただ、スキナーはカルヴィニズムを革命のイデオロギーと解する立場には批判的であり、カルヴィニズムの抵抗権論は、ルター派とも共通して、いわばネオ・スコラ理論として位置付けられるとしている。次のマイケル・ウォルツァー批判論文を参照。Skinner, 'The Origins of the Calvinist Theory of Revolution', in *After the Reformation* ed. Barbara Malament University of Pennsylvania Press 1980.

(19)'The Republican Ideal of Political Liberty', pp. 293, 296.

(20)'The Republican Ideal of Political Liberty', p. 297.

（21）‘The Republican Ideal of Political Liberty’, pp. 300, 301.

（22）‘The Republican Ideal of Political Liberty’, p. 302.

（23）‘The Republican Ideal of Political Liberty’, p. 309.

（24）政治学者バーナード・クリックは、この本の書評においてスキナーの分析は、ウィッグ的歴史解釈に誤りがあるとしても、その道徳的理想は依然として残ることを示していると語っている。Bernard Crick, ‘Book Review’, *Political Quarterly*, 69-3, 1998. pp. 325-327.

訳者あとがき

本書は、著者クェンティン・スキナーの邦訳という意味では四冊目にあたる。最初のものは、その編著『グランド・セオリーの復権——現代の人間科学』（加藤尚武他訳、産業図書、一九八八年）であり、方法的論集が、『思想史とはなにか——意味とコンテクスト』（半澤孝麿・加藤節編訳、岩波書店、岩波モダンクラシックス、一九九九年）として刊行され、また、オクスフォード出版会発行、過去の巨匠シリーズの『マキアヴェッリ——自由の哲学者』（塚田富治訳、未来社、一九九一年）が出版されている。ただし、スキナーの主著は、中世から近代初頭の政治思想を取り扱った *The Foundations of Modern Political Thought*, 2vols, Cambridge, 1978 および、人文学と政治哲学の境界をも踏み越えた、まったく新しいスタイルのホッブズ研究 *Reason and Rhetoric in the Philosophy of Thomas Hobbes*, Cambridge, 1996である。今日なお新しい世界を開拓しつつある著者の業績をどう評価するかは、今後の課題に属しており、先の訳者解説も、ごく限定的な角度からする試論であることを付記しておきたい。

訳者が本書に取り組むことになった一因は、聖学院大学総合研究所が従来から取り組んでいる「自由論」のプロジェクトと関わりがある。聖学院大学は十数年前に設立された新しい大学だが、設立の理念とも関係して、「自由の問題」を重要な研究主題としてきた。戦後日本の出発点となった自由は、いわば配給を受けて享受することで身につくものではない。自由主義の自由の原点、自由を作り上げたものへの本格的検討が必要と考えられるからである。本書のスキナーの関心に通じるものが、この研究会で準備されていたのである。もとより、聖学院大学で注目されている自由は、宗教改革的自由、ピューリタン的自由であって、スキナーの「自由主義に先立つ自由」と同じではない。また、聖学院大学で重要視される政治理論家はA・D・リンゼイであり、彼は「キリスト教的個人主義」と対立させてホッブズの「科学的個人主義」を位置付けている。これに対して、スキナーはホッブズの科学的国家論を評価し、共和主義的、ネオ・ローマ的自由を提示しているから、一見してわれわれの関心と隔たった位置にいるように見える。だが、スキナーはネオ・ローマ的自由に宗教改革的自由の要素をも指摘しており、そもそも主著『近代政治思想の基礎』の主題自体が、ルネッサンスと宗教改革の双方を対象とするものであった。

スキナーは政治思想を取り扱う上であくまでも時代時代の個々の問題状況に則して語ること、いわば鳥瞰図ならぬ虫瞰図を描くことを信条とし、その虫瞰図に流れ込んでいる思想的要素を、さらに遡って個別的な虫瞰図的状況に置こうとする。そうした作業は西洋的な政治思想の分解の試みであり、西洋近代を作り上げているさまざまな異質の思想を異質なままで掘り返そうとする試みである。スキナーの取り組みは、古典古代、中世、ルネッサンス期の殆どあらゆる思想を、さまざまな場面で相互に関連させているが、そうした解体作業は逆説的ではあるが、今日の時点におけるさらに高度な再構成の準備作業とも言えるであろう。もとよりスキナー自身は思想史家の課題はその前段階、思考の素材の提供に留まるのであって、新しい方向性の判断は読者、市民に委ねるとしている。

本書の校正を行ったのは、この夏ちょうど小泉首相の靖国神社参拝問題が世間を騒がせている時期であった。自分の不明を恥じるというべきか、私がもっとも驚いたのは、首相の参拝に世論の支持が六・七割はあったことである。国のために死ねば、国は神として祀ってくれる、会社のために死ねば会社は面倒を見てくれる、こう考えれば、日本国民は靖国神社あるいはその類似のものに究極のセーフティネットを求めていることを意味する。これは先の参議院選挙でどの政党も訴えた、構造改革と自己責任の原則とはまったく矛盾することではないのか。日本国民は自由を求めつつ自由に怯え、依存と隷属さえも求めているのかも知れない。スキナーの議論に学ぶには、スキナー自身の思想的文脈と、われわれ自身の思想的文脈との距離も考慮に入れなければならないだろう。

本書のスキナーの文章は、記念講義の形式のなかに、洗練されたレトリックと独特の格調をもっており、翻訳の対象として必ずしも平易な課題ではなかった。加えて、コモンウェルス、コンスティチューションなど、複数の訳語を必要とするものがあり、また学術語と日常語の微妙なバランスなど、少なからぬ困難があったが、方針としてはこの分野の専門家というよりは、専門課程に進学した学生が理解できるものにすることを目指した。その分訳語の選択や厳密な言い回しにおいて不備が指摘されるかも知れないが、本書の専門的な厳密な理解のためには、原文への参照は不可欠と割り切ることとした次第である。

翻訳において訳者が補った語句は〔 〕で示すこととした。ラテン語およびイタリア語の原典の引用は、原文を示すと共にそのあとに〔 〕で試訳を示した、試訳を示していないものは、スキナーが自分の翻訳の出典として引用しているものである。この場合は、該当する個所のスキナー訳を参照していただければ意味を汲み取ることができよう。古典語を中心に語学的知識の面で、金子晴勇氏および佐野好則氏に親切にご教示いただいた。感謝をもって記して置きたい。また、本書全体に渡って、新進の政治思想史家山岡龍一氏に綿密に読んでいただいて、有益な指摘を受け、少なからず誤りを訂正することができた。もちろん、なお残りうる誤りについては、訳者一人の責任であるが、ここに同氏の御好意に深く感謝する次第である。

なお、本書の翻訳は当初、先の研究プロジェクトの主唱者である大木英夫氏との共訳として企画されたことも記しておきたい。大木氏は聖学院理事長として公務出張の滞英先で本書に接し、帰りの飛行機内で目を通して翻訳の意義を確認し、出版会会長を兼務する組織的な身軽さがよく機能して、版権の獲得に至ったのである。ただし、大木氏は激職の多忙さ故に共訳者としての時間を割くことが出来ず、ここに私個人の責任で刊行することになった。組織神学者として尽きない学問的関心と、理事長として休まることのない重責との間で、ときに苦しみ、ときに楽しむかに映る大木英夫先生の獅子奮迅ぶりであるが、この機会に、感謝の念を記すとともに、奥様とともどもの末永いご健康をお祈りしたい。

最後に、編集の労をとっていただいた聖学院大学出版会の山本俊明氏に感謝したい。山本氏は、聖学院特有の複数の重責をこなすマルティ人間の一人だが、決して安易に流れない信頼の人であり、訳者として大変心強いものがあった。

二〇〇一年初秋

梅津　順一

■人名索引

マ

ラ

人　名　索　引

＊注にある人名は、原語のみの場合は割愛し、カタカナ表記のみとした。

訳者紹介

梅津順一　うめつ　じゅんいち

1947年生まれ。国際基督教大学教養学部卒業。東京大学大学院経済学研究科博士課程満期退学。放送大学教養学部助教授、青山学院女子短期大学教養学科教授を経て、現在、聖学院大学政治経済学部教授、経済学博士（東京大学）。

〔著書〕『近代経済人の宗教的根源——ヴェーバー・バクスター・スミス』（みすず書房、1989年）『三訂版欧米経済史』（共著、放送大学教育振興会、1995年）『昭和史からのメッセージ——市民的成熟を求めて』（青山学院女子短期大学学芸懇話会、1995年）『近代西欧における宗教と経済』（共編著、同文館、1996年）『中産層文化と近代』（共編著、日本経済評論社、1999年）『「文明日本」と「市民的主体」——福沢諭吉・徳富蘇峰・内村鑑三』（聖学院大学出版会、2001年）など。

『自由主義に先立つ自由』

2001年11月30日　初版第1刷発行

訳　者　梅　津　順　一

発行者　大　木　英　夫

発行所　聖学院大学出版会

〒362-8585　埼玉県上尾市戸崎1-1

電話　048-725-9801

E-mail : press@seigakuin-univ.ac.jp

ISBN4-915832-48-1　C1010

光の子と闇の子
デモクラシーの批判と擁護

ラインホールド・ニーバー著
武田清子訳

政治・経済の領域で諸権力が相剋する歴史的現実の中で、自由と正義を確立するためにはいかなる指導原理が必要か。キリスト教的人間観に基づくデモクラシー原理を明確にする。

四六判上製本体二一三六円

ラインホールド・ニーバーの歴史神学

高橋義文著

ニーバー神学の形成背景・諸相・特質を丹念に追い、独特の表現に彩られる彼の思想の全貌を捉えながら帰納的に「歴史神学としてのニーバー神学」を特質を解明する気鋭の書下ろし。

四六判上製本体四二七二円

単税太郎C・E・ガルスト
明治期社会運動の先駆者

工藤英一著

宣教師C・E・ガルストは、秋田への伝道を通して、農村地域の貧困を知り土地単税論を主張。みずから単税太郎をなのり、日本の社会運動家と交流し、多くの影響を与えた。

四六判上製本体二三三〇円

歴史としての啓示

W・パネンベルク編著
大木英夫
近藤勝彦ほか訳

神の啓示を客観的な歴史的事実の中に見ようとする「歴史の神学」の立場を明確にした論争の書。歴史の流れにおける神の働きを考察し、終末論的希望をイエスの復活に根拠付ける。

四六判上製本体三一〇七円

キリスト教社会倫理

W・パネンベルク著
大木英夫・近藤勝彦監訳

われわれは、文化や社会の問題を、倫理的諸問題を、その根底から再考しなければならない時代に生きている。本書はその課題に神学からの一つの強力な寄与を提示する(あとがきより)。

四六判上製本体二五二四円

ニコラウス・クザーヌス

渡邉守道 著

十五世紀の最も独創的な思想家、哲学者、神学者ニコラウス・クザーヌスについての著者三〇年間におよぶ研究をもとに書き下ろした研究書。クザーヌスの政治社会思想、公会議と教会改革、それに著者の最も力をいれた現代政治思想に対するクザーヌスの貢献を力説する。

Ａ５判上製本体五六〇〇円

トレルチとドイツ文化プロテスタンティズム

フリードリヒ・ヴィルヘルム・グラーフ 著
深井智朗
安酸敏眞 編訳

マックス・ヴェーバーと並び、一九世紀から二〇世紀にかけてのドイツの文化科学、とくに歴史学、また神学思想において大きな足跡を残した、エルンスト・トレルチの思想を、文化史の観点から再評価し、現代における意義を論ずる意欲的な論考。

Ａ５判上製本体四〇〇〇円

歴史と探求

レッシング・トレルチ・ニーバー

安酸敏眞 著

中間時における真理の多形性をとく「真理の愛好者」レッシング、「徹底的歴史性」の立場でキリスト教的真理の普遍妥当性と格闘したトレルチ、歴史の有意味性を弁証しつづけたニーバーのそれぞれの思想的連関を考察し、著者の神学的・宗教哲学的立場から偶然的な歴史的真理と必然的な規範的真理の関係性を明らかにする。

Ａ５判上製本体五〇〇〇円

ユルゲン・モルトマン研究

組織神学研究第一号

組織神学研究会編

モルトマンは、終末論に基づいた『希望の神学』等で知られるチュービンゲン大学教授。本書は、組織神学研究会の過去一年間の研究成果をまとめた論文集である。バルトとモルトマン／三位一体論、とくに聖霊論の対比／死者の居場所をめぐって、など所収。

Ａ５判並製本体二〇〇〇円

パウル・ティリッヒ研究

組織神学研究所編

二〇世紀の思想、美術などに大きな影響を与えたアメリカを代表する神学者、パウル・ティリッヒの思想を現代世界・日本の状況の中で、主体的に受けとめ、新しい神学を構築しようとする意欲的な論文集。

A5上製本体三八〇〇円

パウル・ティリッヒ研究2

組織神学研究所編

現代社会におけるキリスト教の意味を最も体系的に思索したパウル・ティリッヒの主著『組織神学』をその背後にある哲学・思想を明らかにしながら批判的に捉え直す。

A5上製本体三八〇〇円

政治神学再考

プロテスタンティズムの課題としての政治神学

深井智朗著

「政治神学」の定義は無数にあるが、本書は「宗教と国家の関係」という視点からの「政治神学類型論」を試みている。いわゆるコンスタンティヌス体制における宗教と国家との関係における政治神学をタイプAとし、それに対してアングロサクソン世界に展開したプロテスタンティズムの政治神学をタイプBとして、後者のコンテクストで日本における「宗教と国家との関係」の考察を試みている。四六判上製本体二六〇〇円

自由と結社の思想

ヴォランタリー・アソシエーション論をめぐって

J・L・アダムス著
柴田史子訳

アメリカの著名な神学者・社会倫理学者、ジェイムズ・ルーサー・アダムスのヴォランタリー・アソシエーションに関する論文を中心に社会理論・社会倫理に関する主要論文を集める。四六判上製本体三八〇〇円

イギリス・デモクラシーの擁護者A.D.リンゼイ
その人と思想

永岡薫 編著

リンゼイは、E・バーカーと並ぶ今世紀におけるイギリス政治哲学者の双璧である。本書はリンゼイのひととなりと幅広い思想を多彩な執筆者によって紹介した初の本格的研究書である。A5判上製本体五二〇〇円

正義
社会秩序の基本原理について

E・ブルンナー著
寺脇丕信 訳

正義とはなにか。実証主義と相対主義の中に国家や法の正義の理念は崩壊したのか。現代社会における正義の原理を考察し、正義が共同社会の中で、いかに適用されるべきかを論じる。A5判上製本体五八〇〇円

近代世界とキリスト教

W・パネンベルク著
深井智朗 訳

近代世界の成立にキリスト教はどのような役割を果たしたのか。この問いに対して、ウェーバーやトレルチなどの見解が提示されてきたが、現代ドイツ神学者のパネンベルクは、近代世界の成立とキリスト教の関係を積極的に評価し、さらに現代のキリスト教の諸問題を明らかにしている。四六判上製本体二二〇〇円

クロムウェルとイギリス革命

田村秀夫 編著

ピューリタン革命の立役者、オリヴァ・クロムウェルを、本書では、序章「クロムウェル研究史」第1部「クロムウェルの宗教」第2部「クロムウェルと政治」第3部「クロムウェルと国際関係」という多角的な視点から論ずる。A5判上製本体五六〇〇円

オリヴァー・クロムウェル
神の道具として生きる

澁谷浩 著

ピューリタン革命の中心にいたクロムウェルの信仰に裏付けられた議会での発言や画期的な軍政改革、めまぐるしく変化する政治情勢の中での行動と思考を追う書き下ろし評伝。四六判並製本体一九四二円

イギリス革命とアルミニウス主義

山田園子著

イギリス革命期の急進的聖職者ジョン・グッドウィンは「しょく罪されたしょく罪」によって、カルヴァンの運命論的な二重予定説を批判したが、その思想の中核にあった十六世紀オランダのアルミニウスの教説を詳説し、それがイギリス革命に及ぼした影響を明らかにする。

Ａ５判上製本体五八〇〇円

デモクラシーにおける討論の生誕
ピューリタン革命における「パトニー討論」

大澤麦
澁谷浩 編訳

ピューリタン革命の最中、国王を逮捕した革命軍が今後の方針を討議するためにパトニーで総評議会を開催した。議長はオリヴァ・クロムウェルがつとめ、新しい政治体制を主張するレヴェラーズと激しい議論を進めた。この討論にこそ「討論」を通してお互いの違いを理解しあい、共通の目的を発見することを目指す、近代デモクラシー思想の源泉があった。本書は、「パトニー討論」の翻訳と訳者注記と解説を付し、この討論の政治思想史における意義を解明する。

Ａ５判上製本体五八〇〇円

日本の将来とキリスト教

古屋安雄著

日本の近代化（西洋化）の問題は、西洋の技術・学問は受け入れたが、その根底にある「キリスト教」を排除して受け入れたことである。アジアで近代化を成しとげ、経済的に成長したにも関わらず、「キリスト教ぬき」の成長・発展は大きな問題を生じさせてきた。著者は以上の認識から、現代日本の問題の根底にある西洋受容の「ねじれ」を、アメリカ、ヨーロッパなどとの比較において指摘し、二一世紀における日本の課題を明らかにする。

Ａ５判上製本体三八〇〇円

史料による
日本キリスト教史

鵜沼裕子著

キリシタン時代から現代に至るまでの、日本におけるキリスト教の受容と展開をわかりやすく素描した「歴史篇」と、手に入りにくい原史料から日本のキリスト教を読みとく「史料篇」からなる。原史料にあたりながら読み進められるように工夫されている。この一冊で、日本のキリスト教の歴史について基礎的知識が得られる恰好の入門書である。

四六判上製本体一六〇〇円

近代日本キリスト者の信仰と倫理

鵜沼裕子著

近代日本のキリスト教に関する研究の主要な関心は、これまで主として「近代化」という国家的課題の中で、キリスト教が果たしてきた開明的役割を明らかにすることであり、政治・社会との関わりに重点がおかれてきた。本書では、これまでの研究を踏まえつつ、近代日本における代表的キリスト者である、植村正久、内村鑑三、新渡戸稲造、三谷隆正、賀川豊彦を取り上げ、かれらの信仰を内在的に理解し、その信仰と倫理の実像を描く。

A5判上製本体三六〇〇円

「文明日本」と「市民的主体」
―諭吉・蘇峰・鑑三―

梅津順一著

開国と明治維新は、近代日本の為政者と人民に思想的に大きな課題を突きつけた。それは日本の目指す政治体制、為政者の役割、人民の生き方、あるいは国際社会における自国の位置付けを、世界に向かって「理解されるもの」として語る必要からであった。本書では、西洋に向かって語られた新しい日本の構想を「文明日本」と呼び、またそれを担う新しい人間的資質として想定されたものを「市民的主体」と呼び、その構想を諭吉・蘇峰・鑑三の思想を通して明らかにする。

A5判上製本体五八〇〇円